JN017818

稲盛和夫、かく語りき

稲盛和夫・述

日経BP

稲盛和夫、かく語りき

稲盛和夫・述

まえがき

本書は1970年代から2010年代の半世紀に、「日経ビジネス」「日経トップリーダー」で掲載した稲盛和夫氏のインタビュー・独白記事を編集したものである。

日経ビジネスは1969年に創刊した経済誌（隔週刊を経て、現在は週刊）、日経トップリーダーは、1984年に「日経ベンチャー」として創刊した中堅・中小企業向けの月刊経営誌である。日本経済新聞グループを代表する経済・経営誌として、経営者・幹部層に長年、支持を得てきた。両誌にはあまたの経済人が登場してきたが、インタビュー記事の掲載数として最も多いのが、おそらく稲盛氏だろう。

1959年に京セラ（当時は京都セラミック）を創業し、1代で1兆円企業に育て上げた。それだけではなく、1984年には第二電電（現KDDI）を設立。2010年には、経営破綻した日本航空の会長に就任し、再建に手腕を振るった。これだけの話題を振りまいてきた経済人をメディアとして多く取り上げない理由はない。

加えて、1983年には若手経営者のための経営塾「盛和塾（当時は盛友塾）」を立ち上げ、毎月のように稲盛氏が主宰する塾長例会を開催。塾生は国内外に1万5000人を数えた。1984年には私財を投じて稲盛財団を設立。科学技術・思想・芸術分野の功労者を毎年顕彰する「京都賞」を始める。そのかたわら、1997年には臨済宗妙心寺派円福寺にて得度し、托鉢までしたのである。

稲盛氏が名経営者であることに異論を挟む人はもはやいないが、最初から名経営者と称されたわけではない。いや、稲盛氏本人は1970年代のインタビューを読んでも、驚くほど今と変わっていない。我々メディアのほうが稲盛氏をどう位置づければいいかを戸惑っていた節がある。本書で掲載しているインタビュー記事は、その大半が両誌の歴代編集長が聞き手だが、その質問を追うと稲盛氏と時代の関係がよく分かる。

「稲盛経営」は二本柱で構成する。一つがアメーバ経営。これは組織を小集団に分けて採算管理する手法だ。こちらはまだしも、もう一つの柱がなかなか理解されにくかった。人間精神を軸に据えるフィロソフィ経営である。「宗教的」と揶揄する声もかつては少なくなく、特にバブル崩壊までの1970年代、80年代は日本の経済発展が著しく、人間精神に立脚しなくても、会社は成長できたのだからなおさらである。

稲盛経営が真に評価されるのは、1990年代後半の金融危機を経てからといえよう。多くの伝統的な大企業が業績を落とす中、京セラは成長軌道を描いた。2000年代にかけて米国型の資本主義に日本企業が傾き、株主重視の時価総額経営が幅を利かせる中でも、稲盛氏はそれに与しなかった。そしてリーマン・ショックで再び多くの企業が沈む中、稲盛経営は確固たる評価を得るのである。その集大成が日本航空の再建だ。

日本は再び大きな転換点を迎えている。2020年は新型コロナウイルスによるパンデミックが世界を震撼させた。経済も社会も、コロナ前とはまるで違う景色が広がっている。その影響は甚大である。完全に元の世に戻ることはないだろう。加えて、日本は人口減少時代に突入した。これまでの常識は全く通用しない。

私たちが求めているのは小手先の処方箋ではなく、人としてどう生きていけばいいのかという根源的なものだ。時系列に整理した稲盛氏の言葉を読み進めると、この先、私たちに必要なものが見えてくる。

日経トップリーダー編集長　北方雅人

目次

1990年代

対談

2010年代

2010年代

1970
年代

京セラの創業は1959年。ファインセラミックの高い技術力で急成長し、1971年には株式上場、売上高は100億円を視野に入れた。日経ビジネスの編集長インタビューに初めて登場したのが1975年。まだ社名は「京都セラミック」である。インタビュー時点の株価は3810円、ソニーを抜いて日本一に躍り出ていた。注目の経営者、稲盛の発言は戦略戦術ではなく、リーダーとそこで働く社員の心のあり方に重心を置いた異色のものになる。

素人こそ技術開発の担い手

――最近、お出しになった人工宝石エメラルドが話題を呼んでいるようですが、どんないきさつで開発されたわけですか。

稲盛　私ども、セラミックという鉱物をやっているものですから、鉱物の結晶を研究するのは基礎的技術になるんです。この結晶の技術を使って、サファイアとかルビーも工業材料として研究しているんです。

たまたま外国の空港で売店をのぞいていたら、エメラルドのグリーンがとてもきれいで、心をひかれたんです。そこで調べてみたら、天然のエメラルドは払底しているというので、6年前から人工的に作ってみようと研究を始めたんです。

ところが、作りましたらみんなから冷やかされまして……。セラミックのほうは米国を中心にICパッケージでは世界の8割を当社が供給してるんですが、一般大衆を相手に宝石を売るというのは初めてです。ファッションとかデザインとか流通とかは分からない男が、ただ単に宝石を作ったからといって売れるわけはない。おまえさんがやったら必ず失敗する、と京都の財界の連中からは総スカンだったんです。

石を作るということでは、我々の技術の延長線上だから自信があるんですが、宝石として加工し、デザインして売るとなると、異なったジャンルなので戸惑っているわけです。従来の宝石業界の話を聞きに回ったんですが、人工合成はイミテーションととられて、天然の業界を乱すつもりかといった形でしか反響が返ってこないんです。石を創造するだけでなく、マーケットも自分で創造しなけりゃいかんのじゃないかという気がして、そうやっているんです。

ミキモトの養殖真珠ができたときも、天然真珠の全盛時代でしたから、受け入れてくれなかっただろうと思いますね。それが、今ではパールといえば養殖真珠になっていますね。今、人造エメラルドは天然ものに比べて安いので、そういう石をはめるのはプライドを傷つけられるといいますか、そういう現象が起こっています。

しかし、もうちょっと先へ行きますと天然の原石はあまりないですから、色も結晶も良くないのに高いものをはめることはない。宝石として立派でないものを希少価値だけで高く買うことのほうが、かえって恥ずかしくなると思います。

素人だから新技術を生み出す

——技術開発は素人でなければできないとか、ニーズのあるものは必ず作れるとか言われているそうですが……。

稲盛 素人でなければできないと言っていますのは、もちろん全くの素人ではどうにもなりませんから、基礎的なことは知っていなければいけません。ただ中途半端に分かってき始めますと、いろんなことを考えているうちに、ネガティブなことがいっぱい出てくるわけです。やりたいと思っても、やれるわけがないと思うわけです。

しかし、私はそうはなりません。純粋に深く願望するわけです。そうすると、それが潜在意識にまでなって、それ以後私の行動も思考もすべてそれによって動くようになるんです。ところが脳細胞のところだけで、論理的に考えて、ああしたい、こうしたい、できるだろうかというだけでは、これはできないと思います。

そういう意味では、専門家でない素人のほうが、純粋に願望を持ちうるという気がするんです。だから、素人でなければできないと言うんです。純粋に深く願望を持ち、行動も思考もそれによって律せられれば、開発できないものはないと思っています。

社内で技術開発をする場合にはこういうふうにしているんです。例えば、エメラルドをやろうというときには、いつまでにやるぞと決めた未来の一点に向かって自己の開発能力が進行形で高まっていくとして捉えるわけです。私は、「自己の開発能力を未来における進行形で捉える」と言っているんですが、そういう思考ができないと、現在持っている技術力と頭脳だけで、こうやったらできない、それは無理ですよということになります。そうではなくて、今は不可能だと思われるが、あと2年なら2年の間に、どういうことをやったら可能になるかというふうに社員にも考えさせています。

もちろん、できない場合もありますが、とにかく、うちでは、現在の技術で現在のテーマを批判することは許しません。その時点までに開発能力がどのくらい向上するかを予測、予見することが開発の第一歩だと見ています。

それに、ラッキーさを呼び込めるサムシングもありますね。頭とか技術だけでなく、パーソナリティーも関係してきます。神が幸運を平等にばらまいていても、それを受け入れない体質の人と、バカみたいに素直に受け入れる人とがあるような気がします。ですから採用でも、非常に優秀な人は採用しないで、人柄を重視します。

――純粋で深い願望を持つというのは、人柄というより意志と関係があるのではないですか。

稲盛　意志はもちろん大切ですが、人柄が純粋で素直でないと、そんなこと言ってもそれは無理ですよといった具合になりますね。純粋で深い願望にまで高まりません。

「税金なんかアホらし」では伸びぬ

――ところで、1959年の設立以来、こんなに短期間に高成長された秘訣は何だとお考えですか。

稲盛　資本金300万円で、1000万円を個人保証していただいて借り、初年度にやっと300万円の利益が出たんです。当時、経理も知りませんでしたから、保証してくださった方に迷惑をかけてはいけないので、3年間で借金は返せると思ったんです。

ところが、なんと税金が百何十万円かかり、配当もすると、100万円ぐらいしか残らない。借金返すのに10年かかるわけです。びっくり仰天して、みんなに相談すると、そのために脱税するんだというんです（笑）。

しかしそこで発想を変え、税金はもともと経費だと考え直したんです。その残った分をどう伸ばすかが勝負だと見たわけです。そうすることによって、被害者意識はなくなりました。儲けの半分を税金で取られてあほらしいと思っていると、中小企業のままで終わるんですね。半分取られても、それは経費で、あとの半分は自由に使える、それをどう大きくするかと見るようにしないと駄目ですね。

秘訣といわれても、碁石のようにポンと打って形勢が一変するということはないような気がします。地味な努力の積み上げしかないと思います。最初の100万円、50万円を大事にして、積み上げるしかないのではないですか。

それと、経営の中心は人ですから、社員との人間関係が大切ですね。事業を通じて社員が幸せになるという合意があって、みんなが協力してくれる雰囲気が一番だろうと思います。そういう素晴らしい人々に集まってもらうには、自分自身がそういう人間にならなければいけないと思います。

私と2200人の社員との人間関係は、最初に28人で肩寄せ合い、なぐさめ合って、仕事を始めたときの信頼の輪を広げただけだと思っています。

節約は創業時から

――給与など待遇を良くしてくれたから、労使関係も強まってきたという面はありませんか。

稲盛　給与は悪くはないが、それほどでもないんです。というのは、一時期、新聞、雑誌にも良く書かれ、繁栄した企業が屈折点を迎えて業績が落ちると、優遇されていた社員が団結してボーナスぐらい少なくてもいいじゃないかとなるならいいんですが、そうではなく、今までなかった労組ができ、お家騒動が起き、没落に拍車をかける例が、電子業界にも多いんです。

利益が出ると、欲望が果てしなく増大するのも心配です。その結果、私生活まで乱れることもあります。どうしても払うときには、臨時ボーナスで払い、個人名義の1年定期にさせるんです。解約するのは自由ですが、若い連中が必要以上の金を持つのは決してプラスにはならないと言っているんです。

しかし、今年の春闘のときには社員に言われましてね。国際競争力のためにも、今年は賃上げをゼロにしようと提案したんですが、社長それはおかしいじゃないですか、いいときはいいときで贅沢しちゃあいかんと言ってくれないし、悪いときは悪いからと言ってくれない、会社はため込んだ留保金があるじゃないかというわけです。

そりゃあ、くれというなら払いましょう。うちぐらいの企業規模だと、70億～80億から100億円ぐらいの借り入れがあってもおかしくない。年間にして12億～13億の金利を払うわけです。ところが、うちはこれまで内部留保を積む一方で、年間14億～15億の銀行金利が入ってくるんです。それが経営的に非常にプラスになっているわけで、皆さんが払えといえば払うが、その代わり当然、資金不足になり、借り入れざるを得なくなる。そうなれば金利を払わなければならず、経営内容が悪くなっていくよと説明したんです。その結果、結局、賃上げはゼロにし、ボーナスを13・7％上乗せしたんです。結果的には賃上げはゼロではなかったことにはなるんですが、要はそういうコンセンサスが得られるかどうかではないでしょうか。

――今、人は減らそう、支払い金利は減らそう、紙1枚、鉛筆1本まで節約しようというムードが強まっていますが、御社は最初からそうした方針でこられたのですか。

稲盛　今さらというか、それが当たり前、創業のときから事業というのはそういうものなんだ、それ以外にないと思ってきていますから、今ごろそんなことが言われることがおかしいと思っています。

例えば、私どもの京都の本社には乗用車は2台しかないんです。重役も自家用車を使っています。私は軽免許しか持っていないもんですから専用車は付いてますが、それだけなんです。ヨソさんのように無駄はやってないつもりです。

自分の変節に注意したい

――合理主義一辺倒だと日本人はなかなか付いてこないと思うんですが、その点、どうされていますか。浪花節はないんですか。

稲盛 それはそれで、うちには浪花節があるんですねえ。合理主義を尊ぶ一方では非常に浪花節があります。今朝も組合幹部を呼んで冬のボーナスのことを話したんですが、これも浪花節なんです。冬のボーナスは夏のとき決めておいたんです。夏の実績プラス0・2カ月と。新聞見るとヨソさんの状況が出てまして、それではというので、さらに0・3カ月上積みするとこちらから言い出しました。

しかし、これはみんなに迷惑かけた分とは違うよ。僕が開発した技術がソ連（現ロシア）に13億5000万円で売れたからその分だよ、と言っときました。技術開発では非常にロジカルにいくくせに、こんなこともやるわけです。

この前、昇給凍結しようというとき、若い過激な連中が地方工場の家庭のオバサン工員に「われわれ独身男性はともかく、皆さんのように主婦は大変でしょう」とアジったらしいんですが、オバサン連中は「いいや、社長の言う通りにします」と言ったので大学出のアジる連中が唖然としたということがあったというんです。

これは16年間の信頼の積み重ねがあったからでしょう。だから信頼を裏切らないこと、私が一番気をつけなければならないのは、苦しかったときからこうなってきて、だんだんちやほやされて私自身が変節を遂げないか、ということです。自分では気がつかなくて堕落していくというか、昔の謙虚さを失って傲慢になったり贅沢になったりしないか、そういう点は常に自戒していかないといけないと思います。

株価日本一はしんどいという気持ち

——株価が日本一になったということを当の経営者としてどうお考えになっていますか。胸を張っていいとか、むしろ警戒を要するとか。

稲盛　今まで株価が高くなれば高くなった分だけ、株主さんに対するオブリゲーションが強まるというように考えていました。それだけに、しんどいという気持ちです。たまたま私どもが上場するときに時価発行ブームでしてタイミングが良くてそのとき400円で時価発行をやり、東京の2部に来るときにまたやり、1部上場のときまたやりました。株数があまり増えないで手取り資金が多い。その多い資金を使って事業が拡大する。収益が増える。１株当たりの収益が高まる。それで株価が上がるというパターンをとってきました。高株価を目的としたのではなく、結果としてそうなったといえるんです。しかし、高く評価してくれる方がいるわけですから、ますます頑張らにゃならんと思いますし、同時に名誉なことだとも思っています。

――社員の意識ですが、日本一になったということで、ますます燃え上がるかもしれませんし、逆に気の緩みが出るかもしれませんね。

稲盛　そういう点はあるでしょうね。功罪半ばする気がしますね。ですから初心を忘れてはいけないと思います。そのためにも先ほど言ったように、私自身が初心を忘れないような日常生活を心がけていきます。

スケール小さいサラリーマン経営者

――日本の企業にはサラリーマン経営者が圧倒的に多いわけですが、創業者である社長がご覧になったサラリーマン経営者の弱点といったものはどんな点でしょう。

稲盛　いろいろありますがね。しかし、それは……。

――経営者批判じゃなくても、例えばまねしたくない点とか。

稲盛　一番嫌なのは不遜な経営者ですね。とかくエラくなると本人は気づいていないかもしれませんが……。非常に嫌ですね。

私どものように大学出た一介の技術屋で、這いつくばった最低のところから出てきてますと、16年前の町工場の片隅の時代と今と本質は何にも変わってません。決してエラいとは思っていませんし、本人も自覚してます。世間がそんなふうに仕向けると、つい増長してしまって不遜になるんですね。

それからサラリーマン経営者というと大企業に多いですが、スケールが小さ過ぎると思います。例えばですよ、みっともないのは、社長の座にしがみついたり役員が足を引っ張り合ったりする話は、いくらでも耳に入ってきます。なぜかというと役員を辞めたその日から車もないというんですね。

役員のときは運転手付きだった。これは満員電車に揺られていたのでは本当の活躍ができないということで車を与えたんですね。ところが、休日には会社の車を呼び出しゴルフに行くし、時には奥さん連れて買い物に行く。こんな使い方に慣れて6年たった。今辞めたんでは車を失うだけでも大変な出費になる。車にしがみついて重役の椅子にしがみついている人を、現実にはいっぱい見るんですね。やっぱり変節を遂げてきているんですね。

中堅幹部は報われずかわいそう

――それは本人が悪いということもさることながら、給料が安いことにも一要因があるのではないですか。

稲盛　それは確かにあります。みんなは一生懸命働いているわけですから、それに見合う報酬を与えるべきだと思います。ただ、ミドル以下については現実に米国で経営をやっていて、我々と米国企業との賃金格差はないわけです。

ところが、ミドルから上は段違いなんですね。問題なく違うんです。日本というのは本当に悪平等に近くなっているんです。それでも分配が不平等であるという非難がごうごうと起きている。そこで、中堅以上の優秀な連中にもっともっと報酬を支払うと、ますます大衆の不平等意識を刺激するでしょうから、彼らには非常にかわいそうな気がしますが、大衆の意識というものを考えるとしょうがないという感じですね。

だからといって、今のみっともないままでいいはずがない。何といっても戦後の復興は経済が引っ張ってきたわけで、経済人は日本のリーダーなんです。

そのリーダーが素晴らしい倫理観と哲学を持っていませんと、どうなりますか。一般大衆を引っ張っていく形になるんですが、末端まで共感を呼び起こせません。どうしても一般大衆は遊離してしまう。

（日経ビジネス1975年12月8日号）

1980年代

『ジャパン・アズ・ナンバーワン』が1979年に出版され、世界に冠たる経済大国となった日本。人々が浮足立つ中、「自己犠牲」という概念を提示した経営者は、当時、稲盛以外にいなかっただろう。京セラという会社の評価は高くとも、「人の心の結集しか財産がなかった」と語る稲盛の経営を真に理解する人はまだ少なかった。1984年には第二電電を設立。創業前に「動機善なりや、私心なかりしか」と自問した話は後々まで語られる。

魂の声に従い、
価値観の大転換を

――これまで稲盛さんがあらゆる面で京セラを引っ張ってこられたわけですが、この時期に会長になられたのは直接どのような動機からなのですか。

稲盛　それは三つございまして、一つは、この会社はそもそも人様にお金を出してつくっていただいたものですから、当初から後継者は世襲でなく、社内で本当に苦労した人を指名していこうと決めていたんです。

しかし年を取ると執着が増えて、若いときとは違うことを言い出す方もたくさん見聞きしてきましたので、代わるなら早くと思いまして。

第二には、時代は40年サイクルで動いていますね。今ちょうど、日本人は哲学といいますか、価値観を大幅に変えることを迫られていると、私は捉えているんです。終戦のときに価値観を180度変えて、平和で素晴らしい経済発展を遂げた日本が再び、大きな変わり目に来ているわけです。円高という現象面だけに目を奪われてはならないと思います。それで、海外での事業なども増えてまいりましたんで、内務と外務を分けていこうということなんです。

三番目には、第二電電という分不相応のことにチャレンジしておりますものですからね。最初に名乗りを挙げた者の責任上、成功させなければなりませんので。

――確かに戦後40年の積み上げてきた枠組みをいろいろな面で組み直す時期が来ていますね。

稲盛　今までは、工業生産力を増して物資不足を解消し、国を富ますということだけで良かったわけです。しかしここまで強くなったんですから、我々は今や、世界の国々に自己犠牲を求められているのではないですか。

採算一点張りは間違っている

――しかし効率追求は、個々の企業がとりうるやむをえない合理的行動なのではないですか。それがいわゆる合成の誤謬という形で、国全体として深刻な通商摩擦を引き起こす結果になっているわけです。これを改めるには経済の枠組みから変えなくてはならないと思いますが、果たして企業の論理のほうから変えていくことが可能なのでしょうか。政治がやるべきことの比重も大きいと思いますし、そちらの対応の遅さへの不満はありませんか。

稲盛　今までも企業が日本経済を変えてきたわけですから、これから価値観を変えるのも企業人が先に立ってやらなくてはいけないと思うんですよ。政治の対応の遅さには歯がゆさを覚えますが、これまでも感じていたことですから、今さらそれを言いましてもねえ。

――しかし企業を取り巻く環境がそれを許しますか。

稲盛　大変厳しいと思っています。しかし今の対応の仕方は間違っています。コストダウンをやって、1ドル150円でも輸出が可能な体制をとるだけでは、事態はさらに深刻になるわけで、それは最終的な解ではないと私は思うんです。

　また国内では採算が合わないから、海外に生産を移そうというのも、効率一点張りの発想だけでは、いずれ摩擦を起こすでしょう。

　私は、ここは覚悟をしてですね、厳しい不況になり雇用問題も起きるとは思いますが、それを甘受し、互いに助け合い苦しみを分かち合うところから出発しなくてはいけないと思います。そうした気持ちになって初めて他人の痛みを知り、他人への思いやりも出てくるんです。今まではハングリーだけでやってこれましたが、これからはその頑張りをどう活かして他者のために使うかですね。仏教でいう慈悲の心でないといけません。キリスト教の愛というのか、そういうものが必要ですね。

釈明したかったが「忍の一字」で

——企業がそこまで考えるでしょうか。京セラにしてもほかは駄目になっても、うちは頑張れる体制を目指すという行動が真っ先に来るのでは……。

稲盛　ウーン、そこのところが実は難しい問題でしてね。ただ海外生産にしても、うちは合弁方式、つまり相手と組むことを原則にしていますし、そういう生き方がますます重要になってきます。

また、できるかできないかではなくて、そういう厳しいものを求められているんです。実は1ドル160円になる前に、政治家や経済界の方々と懇談する機会がありまして、そのとき、こう申し上げました。

「今のうちならば、輸出企業から輸出額の5%を基金として集めて、ODA（政府開発援助）の枠外で世界中に還元すれば、外国に喜ばれ『日本人は素晴らしい人間性を持った国民だ』と言われるでしょう」と。

しかし「そんな突拍子もないことは無理ですね」という反応でした。でもその後、5%どころか40%も円が切り上げられて企業の収益はガタガタ、国も税収不足で金がないという状態に追い込まれたわけです。

——稲盛さん自身というか京セラに対しても、昨年は相当きつい向かい風が吹きましたね。人工骨の薬事法違反やコードレス電話の無認可販売などの問題で非難が集中しました。その間沈黙を通されましたが、なぜですか。強力なリーダーの沈黙は京セラ全体を穴ごもりさせるムードになってしまったのでは。

稲盛　これも難しい問題やねえ（笑）。

私はもともと許認可のいらない焼き物の研究に没頭してきたわけです。それがだんだん注目されて、チヤホヤされ始めたんですが、私は何物にも制約されない自由人として放っといてほしいという気持ちだったんです。しかし、褒められれば、そのうちきっとけなされると思っていました。だから本来、マスコミには出たくなかったんです。

ああなりまして、私にも言いたいことはありました。人格を疑われるようなことまで言われると、釈明したかったんですが、私の周囲に集まっていた方々から「ここは忍の一字だよ」と諭されましてねえ。それで会社が穴ごもりといった感じがいくらかあったかもしれません。

——あの事件があったからといって、社長の経営理念は変わらなかったし、変えてはいかんと思われた。

稲盛 何も変わっていません。考え方については。

——しかし、これはまずかったという自己分析もあるでしょう。

稲盛 私なりに心の座標軸に照らして、人間的に何が正しいか判断しながらやってきたつもりです。しかしその分野では新規参入者で、法律をよく知らない。するとよかれと思っていても、世間的な常識や法律と食い違う可能性があったんですね。

新しいことをやるには、もっともっと慎重に対処していかなければならないと考えております。しかし創造的な仕事に取り組むときに、常識に従って慎重にとばかり言っていると、今度は足がすくんでしまう。そんなことを言うとまた不らちなやつと言われますので、誤解のないようにお願いしたいのですが、葛藤がありましてねえ。

両側が絶壁の尾根を歩いてきた

――それであの事件では、社内的な処罰で犠牲者は出したのですか。

稲盛　降格人事をやりました。私の会社では、よかれと思ってやったことで失敗した場合は、たとえ何千万、何億円という損失を出してもとがめません。ですからあの事件については、本人にもよく話をして罰を加えました。周囲の人間も含めて「心ならずも、私の今までの説とは違うが、これだけ世間を騒がせたのだから降格にするよ」と話して、納得させましてね。

――京セラを取り巻く向かい風に、いわゆる高成長高利益会社の神話のたそがれというか、業容的にも伸び悩んでいる現実もありますね。

稲盛　それもございます。電子機器やカメラをやり、多角化しましたもんですから、力が分散され、その上、進出した分野は競争が激しいので収益性が落ちるわけです。そこへ持ってきて円高ですからね。

第二電電のほうも大変なプロジェクトで、旗上げしてからこれまで非常に苦しかったんです。それがやっと10月24日に東京―大阪の専用線の開通にこぎつけまして、ようやくトンネルを抜けて明るさが見えてきたという感じでございます。

――稲盛さんはもう新しい事業を育てていくより、企業を買収したり、ベンチャーキャピタルのように投資したりするほうに情熱が傾いているのではありませんか。

稲盛　それはございません。ただベンチャービジネスを育てていこうというのはございます。京都で中小企業の経営者が30人、2代目の方が多いのですが、集まりまして私の名を取って「盛友塾」（注：その後「盛和塾」に改称）というのを年に4回開いていますす。私が経営ノウハウを教えてあげているんです。東京でも若い方々からやってくれと言われています。

私も振り返ってみますと、両側が絶壁のように切り立ったやせた尾根を歩いてきたようなものなんです。これまでは霧がかかっていて周りが見えなかったので、足元だけを見て歩いてきたわけですが、振り返るとゾッとするような所を通ってきたわけです。どちらに落ちても不思議はなかったんです。

つまり、視野が狭かったから何も思わずに歩いてきましたが、世間が広くなると危うさが見えてくる。

それで若い方から教えてくれと言われると、「私の場合もそうですが、不思議なくらいに、ラッキーなことが向こうから寄ってくるような人間性というのが要るんですよ」と教えるんです。

――霧の中を進むための道しるべは何だったのですか。

稲盛　自分の魂に問いながら来ましたね。私は田舎生まれで大したキャリアもなかったし、人生の歯車がたまたまこうなってしまいましてね。世の中の役に立ち、社員を救ってやるという使命を持って生まれたのではないかと、自分の魂に聞いていつも思うものですから、それを背負って必死に登ってきただけです。

共感してもらうには建て前が必要

――稲盛さんの考え方、つまり稲盛イズムに企業全体が同化して、ベクトルが合ってこれまでの強さになってきたわけですが、それが同時に脆さにもつながるとは思いませんか。

稲盛　そういうことはあまり考えませんでしたね。人の心の結集しか財産がなかったものですから。確かにどこを切っても、金太郎飴という点はあると思います。でも、だからといって脆いから、バラバラにするというのではゼロになってしまいます。

自分の哲学みたいなものを、脆さのない円筒型に仕上げるべきなのでしょう。脆さがあると言われるならそれも人生なんでしょうね、と言うしかありません。

――ベクトルを一致させていくインセンティブは何なのですか。社員持ち株とその値上がりによる恩恵がそれなのですか。

稲盛　違いますね。子供の頃からお金を求めてやるのは薄汚いと思ってきました。では何が共感を生むのかと申しますと、みんなに共感してもらうにはやはりきれい事でないといかん、建て前がないといかんのです。私がそういうことを社員に説けば説くほど、実は自分に降りかかってくるわけです。つまり、私が自分を厳しく律した生き方をすることが鍵なんです。

私自身、その点は守ってきたつもりです。そりゃ一部には反発する人も、辞めた人もいます。しかし多くの社員から「あいつはインチキ野郎ではない」とは思われているのではないですか。

（日経ビジネス1986年11月10日号）

1990年代

バブル崩壊で日本企業は変革を余儀なくされたが、方向性は定まらなかった。米国型の実力主義に傾く風潮に対し、稲盛は「個人主義は企業をダメにし、社員を不幸にしてしまう」と警鐘を鳴らした。1970年代から一貫して「人としてどうあるべきか」と倫理観を強く問うてきたその哲学は、経済、政治、官僚の堕落に揺れる日本で脚光を浴びる。京セラは宗教集団で創造性に欠ける、という指摘に対する反論も見物である。

トップの意志と人格が社員動かす
世界に媚びたら国際化できない

――稲盛さんは以前からオーナー企業の世襲制には批判的でしたが、最近は、サラリーマン経営者よりも2代目、3代目の経営者の頑張りが目につきますね。京都の企業を見ても、オムロンしかり、村田製作所しかり……。

稲盛 確かにそう思います。私が「2代目はけしからん」と言ったのは、努力しない2代目が棚ぼたで社長になるのは公平さを欠くという理由からです。それに先代が優秀でも2代目が優秀とは限らない。

ところが、その2代目が、やらせてみると案外いいんですな。若いときから帝王学を吹き込まれ、責任感を持ち続けてきたことが、こういう時代には向いているのでしょう。先代の影響力が残る中で、自分の色を出していくのは大変なことです。（創業者である）私より偉いと思う。

もちろん、京セラでは世襲制をとる気はありませんが、まあ盛和塾（稲盛氏を塾長に若手経営者が中心となって組織する経営塾）の人たちも2代目が多いので、そういうふうにおだてているわけです。

価値を生むのは中小経営者

――その盛和塾ですが、発足のきっかけは何だったのですか。

稲盛 12年前のことですが、京都の若い経営者と飲んでいると、皆さんが「どうすれば京セラみたいにうまく経営がいくんですか。自分だけ儲けんと、教えてくださいよ」と、冗談めかして言うんです。それなら、私も忙しいけれども、どうせたまには一杯飲んでるんやから、夜ならいいよと言った。

最初は十数人集まったんでしょうか。始めたら興味を持ってくれたので、2回、3回と続いた。そこに友達を連れてくる。中に大阪の人がいて、大阪にも会をつくってほしいと言う。そやなあ、京都で何回かするうち1回は大阪でもええやろ、とつい言った。そしたら、今度は滋賀です。滋賀には京セラの工場が2つもあるから、やる義務があると。兵庫からもお願いが来て……。その頃には、もうええ、どんどんつくれと(笑)。

――財界活動にはあまり熱心でない稲盛さんが、盛和塾には心底、力を入れている。

稲盛　現在、京都商工会議所の会頭を引き受けていますが、本来、財界活動には抵抗がある。というのは、ああいうものは、でしゃばりな人が、好んでやっているという意識があります。とにかく私は好きじゃない。

じゃあ、なぜ盛和塾かというと、正義の味方みたいな気持ちになれるんでしょうね。零細な人たちを助けたい。世直しをしたいと。こう言うと、どこが財界活動と違うんだ、正義漢ぶるな、と言われそうですが、私の頭の中では、盛和塾の活動は動機が純粋で、財界活動とは別という切り分けができているんです。

――既存の枠組みの中でぬくぬくとやっている連中には加わりたくないと。

稲盛　盛和塾の皆さんによく言っているんですが、自分1人がサラリーマンとして食っていくだけでも大変な時代なのに、従業員を5人も10人も抱えて、さらにその家族もいて、食わせていくというのは本当に頭が下がる。

中小企業というと、みんなばかにするけれども、彼らほど立派な人たちがいますか。学者も政治家も政府の役人も、税金で食っている。結局、その価値を生み出しているのは中小企業の経営者です。

――盛和塾では、どんなことをしているのですか。

稲盛　1時間か1時間半講義をして、終わったら、懇親会になる。酒を飲みながら、みんなで語り合うわけです。最初の10分間は誰も私のところへ来るなと言ってあります。その間に、私だけうどんを用意してもらって、すすり込む。後は水割りやビールを飲みながら、相談に乗る。不健康なことをしていますが、「うちの会社は見違えるように良くなりました」と言われると、私自身も元気が湧いてきます。

権謀術数では事業は成功しない

――時間に限りがある中で、塾生にどんなメッセージを伝えるのですか。

稲盛　経営の原点12カ条というのを作っています。私の話の大半は、この12カ条に盛り込まれている。その上で、塾生の心のあり方、特に何かしようと思っているときの動機に注意して相談を聞いている。意思決定するときに、私利私欲に満ちていては、良い結果は出ませんから。

私は84年に第二電電をつくる前に「国民のために電話料金を安くする」という気持ちのほかに、私心がないかと数カ月間、自問自答しました。その上で決意した。動機が純粋だったからこそ、その後迷わず事業に邁進できた。これが大事なんです。ビジネスは権謀術数の渦巻く世界に見えるけれども、実際に成功する事業というのは、もっとすっきりしたものです。

後は、努力しなさいと、繰り返し言っています。「私を見てごらんなさい。60歳を超えて、皆さんのところへ来て、うどん1杯で、夜遅くまで必死にやっている。あなたはそのくらい会社のことをやっていますか」と。

――日本企業は米国型の実力主義に向かう傾向がありますが、それでも稲盛さんは、社員は金で動機づけするものではないとお考えですか。

稲盛　物質的なインセンティブをつけてもきりがない。ねたみが生じ、人間関係がこじれます。京セラの場合、個人が成功しても、称賛はしても、給料やボーナスで報いることはしない。

――海外子会社も同じですか。

稲盛　もちろん、郷に従うところもありますが、基本は同じです。90年に上場コンデンサーメーカーのＡＶＸ（サウスカロライナ州）を買収しました。その際、私は海外であろうと自分の哲学を実践したいと思って、現地の幹部を集めて勉強会を開くことにしたんです。

当時、現地の副社長が先回りして私の著書の英語版を幹部たちに読ませて、感想文を書かせてくれました。ところが、その結果がめちゃくちゃだった。

幹部たちは、こんな哲学で経営をやられたんじゃたまらない、我々は資本主義社会で仕事をしているのであって、それを報酬を狙うなと言われても理解できない、というわけです。私が現地に着くと、副社長が青い顔をしています。みんなが反対で勉強会どころではない。スケジュールを変えましょうかと。

しかし、まあいいじゃないか、時間もないし、思った通り話そうということになった。日本のときと同じように一生懸命に話しました。

結果は、何のことはない、2日間のセミナーで、みんな納得してくれた。キリスト教文化圏にも、ストイックな倫理観の強いプロテスタントの方が大勢いるわけです。ところが、その精神を金銭的なインセンティブが、覆い隠しているだけでした。あなたが精神的なものを基礎にして日本で成功したのなら、それでいこう、と言ってくれた。
その上で、私は「極端な変化は戸惑うでしょう。米国の平均的なインセンティブはやります。ただし、それで皆さんを煽るような経営をする気はありません」と言ったわけです。最後はみんな感激してくれました。

経営には思想や哲学の共有が必須

――その結果、ＡＶＸは。

稲盛　5年間で、売り上げが3倍、経常利益が6倍になりました。為替レートが1ドル142円のときに810億円で買収しました。8月中に改めてニューヨークで上場する予定ですが、今の試算では、評価額がおよそ2倍の1600億円ぐらいになりそうです。

――円高がなければ、3倍以上の値打ちになっていた計算になる。

稲盛　そうそう。海外での経営というのは結局、親会社が子会社を従わせるということが必要なわけですが、それを日本企業は金でやってきました。しかし、信頼と尊敬でもって従わせることにはかないません。

結局、金は出しても、尊敬される自信がないから、腫れものに触るみたいにやる。しかし本来、経営は、思想や哲学の共有抜きには考えられません。松下電器産業（現パナソニック）がMCAの買収でうまくいかなかったのも、そこに問題があったと思う。

――MCAのようにソフトを扱う会社は、人間だけが財産ですからね。

稲盛　製造業だって基本は同じです。結局は人間性とか人格で、相手にこの経営者の言うことは聞こうと思わせない限り、日本のグローバリゼーションはあり得ない。米国人は欧州でもアジアでも、腕力や権力で従わせる傾向が強い。そういうやり方もあるでしょう。しかし、日本人は、おとなしいですから人間性で屈服させていく、言葉を換えれば、徳をもって治めるしかない。もちろん米国だって、そういう治め方で成功した企業がある。

――国際化の過程で、経営のルールが1つに収れんするのではなく、いろいろなタイプが競争し合うと。

稲盛　そうです。何も私のやり方だけが残るなんて、でしゃばったことを言うつもりはありません。それに米国はやはり懐が深い。26年前にカリフォルニアに会社をつくったときに、大部屋主義にしたのですが、私が現地に行ってみると、足を机の上にバーンと上げている社員が大勢いた。「個室を作れ」と強硬に言われました。

ところが、目と鼻の先にオフィスを構えていたヒューレット・パッカードを見ると、当時から大部屋主義なんですよ。あのシリコンバレーのど真ん中で、創業者も大部屋に一緒にいる。おまけに、その特殊な会社が一番成績がいいときている。

――稲盛イズムをアジアにも広げていく考えはあるのですか。

稲盛　実はまだ詳しいことは言えませんが、盛和塾を中国でもやってほしいという要請が来ているんです。共産主義から部分的に資本主義に移行していく過程で、中国では企業経営者の精神のよりどころが必要になっている。最も大事な時期ですから、できる限りお手伝いしたいと思っています。

トヨタイズムは合わない

――トヨタ自動車も、思想をアジアに根づかせるのに苦労しているようです。

稲盛　トヨタイズムというのは、私はよく勉強していませんが、感覚的には好きではありません。作るためには合理的かもしれませんが、どこかに犠牲が出ている気がしてならない。本当に全人類の幸せの上に成り立ったシステムかどうか。

――個人主義が台頭する中で、集団主義を基礎とした稲盛イズムは今後も可能だと思われますか。社員のお墓まである京セラを、従業員を「社畜」にしていると非難する向きもあります。

稲盛　集団主義を望んでいるんじゃなくて、企業が集団主義なんです。個人主義を尊重すれば、企業がダメになって、社員を不幸にしてしまう。だから、いくらか全体主義的な、集団主義的な色彩は出てしまう。それは、しょうがない。それが嫌ならば、辞める自由がある。よその会社に行けるんです。

私は京セラという会社は、こういう考え方で会社運営をしますよと宣言している。それに賛同してくれる人が集まればいい。お墓も同じ考えです。物理的に不足してお墓を個人で持てない状況だから、会社で1カ所持って、そこへ合同で埋葬すればいいと。もちろんこれも希望者だけが入ればいい。

――集団主義の中から、ビル・ゲイツ（米マイクロソフト創業者）のような才能が出てきますか。

稲盛　確かに集団主義は力を集めるには役立つけれども、才能は出てきにくい。ただ、当社は集団主義だが、不思議なことに自由闊達にものが言える雰囲気がある。

おそらく当社ぐらいでしょう。若い社員と1杯飲みながら議論できる。ですから、才能も出ます。

――最後になりますが、松下幸之助さんは、意識していますか。

稲盛　もちろんです。私は人をひきつけるような人間性もないときに、ひょんなことで、この会社をやることになったので、本当に悩みました。そのときに基準にしたのは幸之助さんです。

――今後も指針にしていきますか。

稲盛　いや、幸之助さんの場合、世襲をやりましたし、長く会社に籍を置いていましたが、私はそこまでの執着はない。私自身の人生を全うするために、したいことが他に山ほどある。もう少ししたら、仕事を辞めて、次の勉強をするつもりです。

（日経ビジネス1995年8月21日号）

1990年代 ／トップの意志と人格が社員動かす
世界に媚びたら国際化できない

資本主義の根底に倫理あり
良きことから利潤が生まれる

27歳で会社をつくらせていただいて約40年、本当に仕事一筋で来ました。あと残った人生、そう長いこともないと思うので、内面の充実を少ししていきたいと思うんです。私は余計な発言をするものですから、そう思うのかもしれません。内面ができていないやつが偉そうなことを言っていては、ひんしゅくを買うに決まっている。だから、もう少し勉強したいんです。

96年9月30日、京都商工会議所における定例会見の席上で「仏門入り」発言が飛び出した。以前から「自分の哲学を完成させたい」と語っていただけに、「引退」「出家」という報道が流れたが、その後、「完全に引退し、隠遁するわけではない」と述べるなどトーンダウンした感もあった。

よく、「発言が後退した」と言われますが、そうじゃない。真意は97年が役員改選期なので、65歳を機に名誉会長のような閑職に就かせていただき、非常勤にしてもらう。1週間のうちに1日、2日ぐらいしか会社に出ないという形にしてもらって、かねて考えていたことをしたいと思っています。

その1つとして仏教も少し勉強したい。仏教の教義、もしくは仏教哲学を勉強したいんですが、もう1つ、お寺のしきたりというものを体験することによって、教義とか哲学に少し迫れるのではないかと思っているんです。だから、本腰を入れて勉強したい。臨済宗妙心寺派の円福寺の西片擔雪（にしかたたんせつ）という老師と昵懇で、そういう体験をさせてもらいたいと思っていると話し、冗談めかして、「最も簡単に坊さんになる方法はありませんか」と言った。僧侶を仕事にしようとは思ってないが、どうせ勉強するなら僧侶の資格ぐらい取ってもいいのではないかと思いまして。

「聞くところによれば、浄土真宗なんか3日ほどで資格をくれるという話も聞きました」なんて言いましたら、「そうはいかんけれども、それは相応に考えられます」と言われました。かねて厳しい禅宗に憧れていたんです。坊さんという資格だけもらおうかなと思っている。

老師自身が、今70歳くらいですが、独身で通していまして、いまだ菜食主義で、鰹節が入ったものも食べない人なんです。私はそれに憧れていましてね。今でも、お漬物とお粥みたいなもので食事を済ませているぐらい厳しい。それで、「会長の場合は、1日座ってもらいますかな」なんて話をされたりする。そんな話をしていたんで、例の発言があり、出家して隠遁するというような話になってしまった。

ただ、座禅には危険なこともあります。下手な座禅や瞑想をすると、精神錯乱や幻覚、幻聴が起こったりする。インドのヨガの場合でも、厳しく監視・監督をしないと、とんでもない方向に行ってしまうらしい。本人は悟ったと言っても、幻覚、幻聴の世界で、悟ったと思っているだけということになるんです。それを仏教用語では「魔界」と言います。

ですから非常に危険なんです。私が狙っているのは、人間としてのあるべきルールのようなものを自分の知性や理性の中に入れたいということなんです。理性でもって自分をコントロールして、本能の露出をなるべく理性で抑えて、できれば晩年、自分の人生を全うしたいと思うんですね。

そういうのはもう悟りではないんです。全く理性の範囲でしかない。本当の宗教の奥義というのは、悟りまでいかなければならないでしょうが、それには途中に険しい山があり、魔境に踏み込んでいく恐れがあるんです。

出家をする、僧侶の資格を得たいということには、1つ願望があります。例えば、お経を読んでいますと、1日に1回ぐらい心を鎮めるときが絶対要ると思うんです。心を鎮めないものだから、ふわついた状態で、心が荒々しい状態になり、社会もとげとげしくなってくるし、判断もうまくいかない。

心を鎮めることは人生にとって大事なことだと思う。だから、どなたも1日30分でもいいから心を鎮めるべきです。それが僧侶のまねごとをしてみたいという目的の1つなんです。

会社には週1回出勤する

京都商工会議所の会頭はボランティアみたいなものですからもう少しやらなければ、と思います。京セラと第二電電（ＤＤＩ）の会長をやっていますが、これは名誉会長にしていただいて非常勤にしてもらいたい。相談事があれば相談に乗る、ということで、京セラへの出勤も週1回ぐらいにしてもらおうかと思っています。

強烈な個性と指導力を持った経営者であればあるほど、その引き際は難しい。名誉会長という肩書になっても、グループの中心に稲盛氏が座っていることに変わりはない。京セラグループをそれぞれの部門の実務者による集団指導体制に託しつつ、自らは精神的なシンボルになる、というのが稲盛流引き際の美学か。

実質的に私が権限を持っていると言われるが、そうではないんです。今、京セラの場合でも、伊藤謙介社長が相談に来るのは、月1件あるかないかです。定例の幹部会というのは、全部彼がやってます。月1回の役員会には出てますが、役員の報告に「おかしいじゃないか」と言うことはありません。

DDIについては、代表権のある会長として平均週2日来ていますが、こちらは奥山雄材社長から受ける相談が月10件ぐらいあります。そして、全体の役員会議、本部長会議には出ます。しかし、あとはすべて社長以下に任せてます。もう私がガタガタ言っても仕方ないと思ってますから。

14年かけて丹精込めてつくり上げてきたけれど、執着はありません。DDIの幹部の人たちには、会社設立当時から株を持ってもらったが、私は1株も持たなかったんです。そういう点から見ても、なるべく執着を断ち切ろうとしてきた。

京セラやDDIの業績がいいのは、私がいるから、などという報道も多いのですが、それは違いますね。

ただ、中長期のビジョンでデッサンをしてるのは私ですから、方向づけが間違ってなかったことはあるかもしれません。DDIをつくった当時から「京セラは21世紀、世界の通信機メーカーの五指に入るよう、脱皮していこうと思う」というようなことを言ってるんです。当時は、「何を言ってるんだ、通信機のかけらも作ってないところが」という声もありました。ところが、今期、京セラの通信機事業部は1700億円の売上高となる。通信機メーカーとして、日本でも相当上位にきました。

そういう意味では、方向づけはしてきましたが、それを達成したのは、社長以下うちの幹部連中なんです。

DDIも大きな方向づけはしましたが、あとは奥山社長がやったんです。「このままだと長距離料金はどんどん下がり、競争は激しくなる。ここまで路線は敷いたけれども、これからのサバイバルで、どう経費を減らすかが問題だよ」と言った。それを奥山社長が、「フェニックス作戦」という戦略にして、徹底した合理化、経費削減をやった。これは本当に見事でした。

だから、これだけ長距離料金の値下げを続けてきながら、600億円近い経常利益になっている。「今度は数百億円の利益が吹っ飛ぶんじゃないか」というときも、無駄を省くことで見事にしのいできている。奥山社長は、役人の出身ですが、本当に柔軟な発想で経営してきて、DDIを他社に比べて光った存在にした。

これは、社長以下の現場がやってくれたことで、私じゃないんですよ。ところが皆さんが「稲盛がやった」とお考えになるので、現場がかわいそうなんですよ。変なやつが上にいるものだから、そこにばかり光が当たって、地味にやっている人たちに日が当たってこない感じがします。

稲盛流経営の柱は、「アメーバ経営」と「時間当たり付加価値」と呼ばれるものだ。アメーバ経営とは、アメーバのように伸縮自在な小組織を社内につくり、独立採算制によって競い合う。「時間当たり付加価値」は文字通り、労働時間を増やさずに売上高を伸ばす、あるいは、売上高が上がらなければ労働時間は減らすという経営指標。この2つが機能して、グループ企業の好業績につながっているが、一方では「稲盛教一色に社員を染め上げ、過密労働になっている」との批判も聞かれる。

「アメーバ経営」は、社員がみんな生きがいとか働きがいを感じられるように、みんなが経営に責任を持ち、関心を持ちということを目指して始めたんですよ。

欧米流資本主義とは違う

経営者のところから指示命令があって、ワーカーが仕事をしていくというのは欧米流といいますか、資本主義社会の経営スタイルだと思うんですね。それでは、やっぱり使う人、使われる人という、そういう関係はある種の効率は非常にいいかもしれないが、逆に働きがいとか、生きがいをなくす恐れが強い。

そこで、小さい組織にすることによって参画意識を持たせる。実は京セラの場合、業績がいいと、それは「私がやっているから業績がいいんだ」と1万何千人いる社員がみんなそう思う雰囲気をつくっています。そういう社員の知恵と力を結集することができるのが大事だと思ってきた。ですから、ここまで来られたと思ってます。

みんながよくやってくれるもので、今でもリストラで退職を募ったり、そんなことは一切していません。みんなが真面目に仕事をしているから会社もしっかりしているし、業績もしっかりしていますので、そういうリストラは必要ない。常に自発的にリストラのようなことをやっているから、何もそういうドラスチックな血の出るようなことをする必要がないわけです。

迫られた創造的社風

全体主義的で個の自立を認めない、そのために創造性もない、時間当たり管理で、従業員を締め上げて効率経営をやっている、という批判は確かにあります。そういうことを言う人に限って、会社を見に来たこともなければ、私に会ったこともない。見てもらえば分かると思うんです。

私が会社をつくった当時、ファインセラミックスという技術はそんなに大したものではなかった。電機メーカーがブラウン管を作るとき、日本に供給できるところがなくて、それを供給できたことが始まりだったんです。それ以外はほんとは何もない。

その後の技術開発でも、なかなかいい人材が採れない。いくら就職難の時代でも、うちに来てくれる大卒は、2流、3流の大学ばかり。そういう人たちを採用しながら技術開発するには、まさに創造性あふれる社風でなければ、いいものができるわけないんです。

だから、うちの製品を見てもらえば分かると思いますが、どこもやってないことをやって今日まで来た。もし、違う管理手法でやっていたら、清水焼のちょっと大きいぐらいの会社で、終わっていたと思うんです。

今でも、どこにもできない製品がたくさんあります。例えば、セラミックスの包丁、ナイフは各社が乗り出しましたが、業になっているのはうちくらいです。

自動車の分野でも排ガス規制により燃料噴射のコントロールをしていますが、そのためのヒーターは、全部世界の大手自動車メーカーがうちの製品を使っています。

だから、個性を失わしめて、共通価値観で会社の奴隷にして働かせ、効率経営をやっているという批判をする人は、全共闘時代の名残の人たちでしょうね（笑）。京セラが高収益を上げている、何か悪いことをしていなければ上がるはずがないと考える人がいるんですよ。

社会主義やマルクス的な考え方をすれば、高収益を上げるには、労働者から搾取して強制的に働かせないと得られないということになるのかもしれません。良きことが利潤を生む、良いことをして社会を豊かにしていくという思想ではない。

「人生80年の最後15年は社会貢献に専念したい」。こうした言葉を実践するかのように、私財200億円を投じて稲盛財団を設立し、「京都賞」をつくっている。これは科学技術・思想・芸術分野で功績を残した人を表彰するもの。こうした活動は「利他」の実践といえる。

「利を求むるに道あり」。この前、住友生命の新井正明相談役と話したときに、住友の家訓の中にあるこの言葉が話題になりました。この精神を失い、儲けるために手段を選ばなかったものだから、バブルが起きて、経済界に腐敗が起こっているというわけです。

それで、新井さんが京都賞の会に来て「世界中の素晴らしい方々がみえて、受賞者を称賛してくれる。本当なら国家がしてもいい仕事」と言うんです。そして、「あれは稲盛さん、私は『財を散ずるに道あり』と思うな」と。

本当は、悪いことをしなくて、天道に基づいて、または人道に基づいてやっていれば、利があるのが当然であって、利が出ないほうがおかしい。松下幸之助さんも昔言ってましたが、お客さんに奉仕した結果、利益が得られるのであって、それは自分が社会に貢献した手柄だと思っていいんですよ、という言葉と同じです。

この前、内村鑑三が明治になって書いた『代表的日本人』という本を読んでいたら、二宮尊徳というのは、学問も何もない一介の農民だったが、荒廃した村を次から次へと再建していくんです。それを内村鑑三が「至誠の感ずるところ、天地もこれがために動く」と書いている。

朝は朝星、夕方は夕星を仰いで、鍬(くわ)一本、鋤(すき)一本で畑に出て耕し、村民を督励して、「村が荒廃していくのは、人心が荒廃しているのと一緒なんだ」というわけです。

それを、誠実に天の道に沿ってやれば、天地も森羅万象すべてがそれを応援してくれますよ、という。つまり、道を外さなければ当然のごとく利がある。利がないのは逆におかしいという世界であり、マルクス的な思想の中に住んでいる人とでは、全く基礎が違う。天道に沿ってやっているから生きていられる。大衆のために貢献したら、会社も隆々として潰れない。同じことをやったように見えても、それが天道といいましょうか、ルールといいましょうか、人間としてやるべきルールを踏み外した場合に、非難もされるしうまくいかない。ぎくしゃくしてくる。私はそう見るべきだと思います。

まさに「利を求むるに道あり」で、そういう資本主義、自由経済の中に、必要なベーシックな倫理観というものがあるんだと思います。それを無視して、「自由競争だ、資本主義だ、金の論理だ」ということになったので会社も危うくなり、社会も変になった。そうではないんです。

確かに弱肉強食ですが、一番ベースのところには、自由経済、資本主義を支える倫理観ががっちりある。実は人間として、人間社会を構成するためにミニマム必要な要素があるんです。

弱肉強食の中の厳粛な論理

おそらく21世紀にかけて規制緩和と行革は大命題だと思う。これはどうしてもしなくちゃいかん。確かに弱肉強食の熾烈な競争になってくる。その中で厳粛な原理があるわけです。それを私が「利他」なんて表現すると、「自由競争にならない。敵にも塩を送らなければならんというようなことですか」という。

そうじゃないんだ、自然界を見てごらん。

自然界というのは自由競争なんですよ。雑草が生えている河川敷に行っても、いろんな植物が生えて、道端のところは踏みつけられて、枯れかかって、また芽を出して頑張っている。ところが、それは相手を潰そうと思ってやってるんではない。みんなが必死に生きているだけなんです。その結果、必死に生きているやつの横で、努力が足りなくて潰れるのもある。それは仕方がない。

「あいつを潰してやろう」という心ではなく、「自分も生きるのは厳しい、自然界というのは厳しいんだから、自分は必死に生きているんだ」。その結果、隣のものが潰れるのは自然の摂理なんです。それまで助けようとするから、社会的にはおかしくなってしまう。

善意という優しい心を持った上で厳しい社会で生きようというのと、悪意を持って厳しい社会で生きようという場合では、社会の様相というのはがらっと変わってきます。殺伐とした社会になるのか、弱肉強食の淘汰はあるけれども、それなりにほのぼのとしたものかという違いが出てきます。

この年になってくると、20年から30年も企業や人物を見れば分かる。まあ30年のスパンで見れば、悪がうまくいっているはずはありません。社会のためということから逸脱したかどうかで、業績が決まります。

そういう尺度で見ていくと見えてくるし、分かるんだから「あなた自身も反省して、人間性をちょっと変えたらどうや」と本当は教えてあげなければならないのかもしれませんね。

（日経ビジネス1996年12月23・30日号）

1990年代 ／ 資本主義の根底に倫理あり
良きことから利潤が生まれる

企業の価値を静的に見るな
ベンチャー創出は進歩の指標

最近、思うんですけど、人物は教育ではつくれないという気がしてきました。素材があって、それが途中で曲がったら直すことはできます。だが、人物は教育ではつくれない。素材が良かったけど、ある環境などで変なふうに育ったのを、トリミングして直すぐらいはできます。でも、もともとなかったところに、教育によって知識を詰め込んでも人物はつくれるものじゃない。それを、ここまでやってきてしみじみ感じました。

1983年、稲盛氏の経営を学びたいという経営者のために「盛和塾」が設立された。自らベンチャー企業を興して成功した経験を後輩に教えようという試みだ。現在は海外も含めて約50塾、2500人の塾生がいる。急成長企業ソフトバンクを率いる孫正義社長も稲盛氏の講演を熱心に聴いた1人。

この前も、孫さんに「慎重にやってください」というのを新聞紙上で言いました。そうしたら、間接的に聞くところ本人が「忠告は耳にしましたので、そうします」と言っていたようなので、まあいいかなと思ったんですけれどね。上場して株価が形成され、証券市場から非常に低金利で潤沢な資金が得られる。それで米国の立派な会社を買収して、連結ベースもしくはその事業を取り込んで本体の売り上げが増え、利益が増える。

こういう形で、一気に業績が良くなった。それでさらにファイナンスをして、また別な会社を買う。結局、買収によって大きくなっていった。

孫氏の買収法は論理的だが…

それは非常に論理的で、孫さんも論理的だと思っているんですが、企業というのは、人がおって企業なんです。人に価値があるのであって、人が事業をやって利益をつくり出しているわけですから。働いて利益を上げている、その瞬間的な、動的な一瞬間をとって何千億円という価値がある。静的に見て価値があるわけではありません。問題は、買収先企業をモチベートして、働きがいを感じてもらわなければならない。役員、社員が精いっぱい頑張って今の業績を上げているわけですから、それを今後とも続けられるという前提があって初めて価値が維持できる。それをマネージするのは孫さんなんです。

米国の連中がそれに従って本当によく頑張ってくれるというあくまで仮定のもとに、今のM&A（合併・買収）が成り立っている。実はこの問題は、松下電器産業がMCAを買い、ソニーがコロンビア・ピクチャーズを買収したのと一緒なんです。何千億で買われたか知らないが、芸術家的な個性豊かな人たちを本当にまとめていけますか、ということです。過去の、映画の作品、ライブラリーだけを買うというなら、その値段にしなければいけませんよ。

そうでなくて、今生きているものを生きた値段で買ったら自分がマネージできるかどうか、厳しく問うべきです。それができないなら早速降りるべきです。

出てきてほしい人が出ない

一般論で言って、日本では創業型の人がなかなか出てこない。出てくると非常にやんちゃなタイプが多い。とてつもなく大胆なんです。そういう人は非常に危なっかしくて、事実荒っぽいし、成功の確率は非常に少ないんです。出てきてほしいと思う真面目な、それで緻密な人というのは、なかなか踏ん切りをつけられない。

よく言われますが、出たい人と、出てもらいたい政治家とは違うんです。出てくる政治家というのは、何かちょっと違ったりする。出てほしい人が出ないところが、創業者と一緒なんです。

ベンチャーの世界でもサラリーマンとして優秀で、専門知識も十分持っているおとなしそうな人でも支援するシステムや社会が必要です。ビル・ゲイツが昔、マイクロソフトを始めた頃、シアトルにいるおとなしいシャイな人でしたけど、それが本当は長続きして成功する。

ただベンチャーキャピタルをつくればいいわけではなくて、物静かでもそういう人たちがやりたいと思えば創業できるような社会をつくる。政治の世界で、出たい人じゃなくて出てほしい人が出てくれるような社会風土をつくるのと、ベンチャーの風土づくりとは一緒という気がします。それはおそらく社会の進歩のバロメーターかもしれない。

京セラ発祥の地、京都府はなぜか個性的なベンチャー企業が多い。村田製作所、堀場製作所、ロームなど優良企業が目白押しだ。これまでも京都企業が成長する理由として「企業理念がしっかりしている」「産官学の団結が強い」「革新的な土壌がある」など、いろいろな要素が挙げられた。

京都には何かあるんだと思います。説明はよくできないんですが。それは風土というよりは、人なんですね。それは京都に限ったことではないでしょう。例えば、明治維新をやったのは鹿児島の人たちが多いが、加治屋町という、ほんの1キロ四方もないぐらいの一画に育った連中ばかりです。あそこには必ず影響を与えた先輩がいたはずだと思いますね。その薫陶を受けてああなったんでしょう。京都には高収益を上げる人がいたんですね。村田製作所の創業者、村田昭さんも相当やり手だし、しっかりしていた。そういう人を見てるから、ワコールも、オムロンも高収益を上げて当たり前に思えるわけです。利益が数％では頭が上がらない。そういう考えがいつの間にかできて、さらに上回ろうとして高収益企業ができただけのことでしょう。

特殊な技術を持った特殊な人が高収益を上げても、恐れおののいて、「あの人でなくちゃできない」ということになってしまう。だが、近くにいると、「何だあのおっさんができるんだったら、俺もできる」と考えて、それが高収益企業が群生した理由ではないかという気がします。

人材がある地域で群生することがあるんですね。それに気がついたのは、本田技研工業の地元浜松のことなんです。考えてみれば、浜松で自転車屋のおっちゃんをやってた本田宗一郎さんが、戦後焼け跡から小さいエンジンを持ってきて自転車に積み込んでバタバタを作った。そして、夢を持ってドリーム号などを作りながら成長していった。

それを遠くにいる人は、本田宗一郎さんが神話になって、巨大なものに見えてしまう。「彼はできるだろうが、我々にはできない」と思うんですね。しかし、近くにいる人たちは、「学問も何もないおっちゃんがやれるぐらいなら、うちは一流大学を出た連中がいるんだから、あれくらいできるはず」ということになる。こうして成長企業が群生するんですな。

84年に第二電電を設立して、通信業界に挑んだ。日本電信電話（NTT）という巨大企業を相手に回して「稲盛経営」の手腕を発揮し着実に成長してきたように見えるが、苦杯をなめさせられてきたという思いが強い。

日本の通信業界も、NTTが分離分割してもしなくても、やがて国際競争によって世界的な価格に収れんしていくという声もあるが、この議論には抜けていることがある。それは社会正義という観点です。私どもが長距離通信に参入したのは、分離されたNTTの長距離部門と競争するためで、その理由で認可されたはずです。とりあえず事業を始めました。それでローカルも長距離も一体運営しているNTTを敵に回して、今まで十何年間やってきまして、本当に嫌というぐらい辛酸をなめました。NTTは恣意的にどうにでもできるわけです。もう私どもなんかを歯牙にもかけない。

それでも新電電として競争をして入ったものですから、何か成果を出さなければならない。それで競争で値段が下がってきて、３分４００円だった料金が、１００円になる。４分の１に下がったわけで、それは社会的に大変な貢献をしたと思っています。

ところが、その過程でＮＴＴは一体運営なものですから、「よろしい、我々は長距離は儲かっているから下げます。だけどローカルは赤字だから上げます」という。新電電はローカルに接続しなければ事業が成り立たない。それが、ＮＴＴから見たら、「接続をしてやりたくないんだけど、してやるから銭払え」と。

その接続料金は、ＮＴＴが決めた料金で、一切開示されない。自由競争というのが進歩のもとなのに、それを否定される状態で来ていますからね。おかしいじゃありませんか。だが、ＮＴＴの長距離もＮＴＴローカルに同じ条件でアクセスするということになれば、どんな無理難題をふっかけられても、文句は言わない。ところが、ＮＴＴの中だけはどうにでも融通しておいて、新電電だけを差別するというのは、あまりにも社会正義に反しはしませんか。

ＮＴＴの態度は全然変わってこない。確かに表面上は開示もしているように見えますけど、それは官僚体質といいますか、一般の常識と全然合わない人たちですから。

ただ、私は分離を言っていますが、郵政省の考え方とも一線を画しているんです。私は郵政省の回し者ではありません。とにかく社会正義で分離してくださいと。天下りを増やすという意味でもさらさらありません。ここまで来たら、決着がつくだろうと思いますがね。

最近ではAT&Tも含めて米国では通信会社の統合の嵐が吹いています。ドイツ・テレコムやフランス・テレコムなども独占のままだと。ブリティッシュ・テレコムもしかり。それで、分離などとは一周遅れだという声もありますが、全然分かってない議論です。

米国では巨大な企業は、必ず悪を働くと考えます。だから、独占禁止法で分離した。長距離とローカルを分離し、ローカルをベビーベル7つに分けた。そうして、競争をさせたわけです。今度はこのベビーベル同士が合併しても、長距離に乗り出しても結構ですという法改正です。小さくなって競争できる条件にしたから自由なんですね。だから大同合併して、元のAT&Tになったら、また分割されるんです。分割したのが失敗だったから、統合が始まっているというように日本では言われているが、とんでもない話なんです。

日本では、売上高7兆円というローカルも独占、長距離も独占に近いNTTがいて、悪を働いているのに、「国益のために分割なんてとんでもない」と言っている。

しかし、私の論理は理想的な自由経済、自由競争論ですから、それは日本でどうなるか分かりません。おそらく橋本（龍太郎）首相がＮＴＴに、国際通信にも早く出ていけ、という国益擁護論みたいなことがどうもありそうな気がします。そうすると、新電電は何だったのかという問題も出てきます。

そうなったら、仕方ないので、非常にフェアな第三者機関で、独占的企業が横暴に振る舞わないような、接続ルールを決めてもらいたい。

ただ、正論だけではなしに、そうならなかった場合に、どう生き残るかということで、いろいろ考えています。その１つには、技術のブレークスルーに期待するところもあります。イリジウムへの取り組みもしていますし。

97年には世界の通信会社が手を組むなど、相当いろんなことが起こるのではないでしょうか。いったん始まれば激動すると思う。

「世直し」を唱え、京都商工会議所の会頭や日本商工会議所副会頭の公職も務める。それだけに、「国家」への憂いも人一倍強いものを感じている。最近の厚生省（現厚生労働省）をはじめとした官僚腐敗が次々と明るみに出る中、行政そして日本の行く末を案じる。

今の官僚腐敗は、厚生省の問題だけではないんでしょうね。それは、我々民間にも責任があったのではないかと思います。役所の幹部とのつきあいも、程度の差こそあれ麻痺していた部分があった。それが人によってはエスカレートする。多かれ少なかれモラルが欠落してきた。

民間も倫理の再構築を

経済界では、バブルを崩壊させた証券にしても、金融にしても、不動産にしても、本当に常識を疑うようなことをやってきた。そして、軌を一にしてモラル、倫理観を喪失してきた。やはり最低限人間としてやっていいこと、悪いことというようなことを改めて再構築すべきでしょう。官僚の問題だけではなくて、人間として最低のモラルを確立すべきです。

というのも、今までモラルを担ってきた宗教がどうしても信じられなくなってしまったものですから、不幸にしてモラルを担ぐものがなくなってしまった。

戦前は倫理とか道徳というものがあったのですが、国家や為政者が自分のために悪用したものですから、そういう意味で抵抗があった。だから、戦後50年たった今日、改めて我々人間として最低持つべきモラルの確立というのをこの機会にやるべきだと思います。それを一方では進めながら、行革と規制緩和というものを、官僚機構の大改革も含めてやるべきでしょう。また、その次に来るのが政治改革だと思います。

一方、我々経済界のほうは、今までみたいに訳の分からんことを言っているような人は、お下がりくださいということでしょう。今までは序列、会社の格で発言してました。そこでは、我々も黙っていました。

しかし、これからは見識も持ってない、しっかりした哲学もない方が、評論家みたいなことを言われても、「それでは政財界の長になってもらっては困ります」と若い人がずけずけ言えるような社会が来るだろうと思ってるんですけどね。また、来なければいけないんです。

（日経ビジネス1997年1月6日号）

2000年代

金融危機後のITバブルで立ち直ったかに思えた日本企業は、リーマン・ショックで再び失速する。押しも押されもせぬ名経営者となった稲盛は、一貫してリーダーの「人間性」を求め、株主資本主義に走る世で、その発言が大きくクローズアップされる。象徴が、東京証券取引所主催の講演。ライブドア事件で揺れる中、上場企業の経営者を前に私利私欲を抑えることを説いた。中国の台頭を横目に日本はどこへ向かえばいいのか。迷える経営者に光を示す。

理念と闘争心を持て

――企業業績が回復基調をたどる中で、京セラの業績も好調です。一方、三菱自動車や、経営再建途上にあるカネボウなど伝統企業の不振も目立ちます。会社の寿命30年説もありましたが、企業の成長の限界を突き崩せるかどうかは、何が左右するのでしょう。

稲盛　企業には成長の限界がやっぱりあるんだと思います。経営者は永遠に発展してほしいと願いますが、企業は大きくなるとどうしても成長が伸び悩み、衰退する。それはもう世の摂理ですね。その限界が売上高で5000億円なのか、1兆円なのかは分かりませんが、いずれ成長が鈍り、早いか遅いかの違いはあれ、衰退の道をたどるのでしょう。

ただ、そのとき、企業によって違いが出てくるのは、そこを治めている経営者の思い、あるいは企業風土や文化と言いましょうか。そうした企業哲学の違いによって、差が出てくるんだと思うんです。

――いわゆる経営理念ですか。

稲盛　ええ。私は零細の会社を何とか立ち上げた若い頃から、いつ何どき倒産し、従業員を路頭に迷わせるかもしれないという危機感がありました。従業員には「会社を立派にして皆さんを幸せにする」と言い続けましたが、内心不安でした。その危機感がバネになり一生懸命頑張れたんですね。

経営者はみんな頑張るわけですが、結果は異なる。その中にある種の法則性があると思ったんです。それは経営判断にしろ、自然の摂理に逆らってはうまくいくはずがない、と。人間として正しい生き方、すなわち社会的ルールにのっとれば、社会が容認し、企業は存続していける。逆に目先の利益のためなら何をしてもよいという企業エゴを出しては、社会から容認されない。企業が永続し発展するには、まずこれがベースになると考えたのです。

確かに戦術に富み、機智に富んだ経営者なら、一時的には成功するかもしれない。ですが、社会のルールを踏み外せば、企業は存続できません。資本主義の中では弱肉強食の面もあるかもしれません。しかし、実際は一生懸命努力し、社会のルールにのっとった企業が存続し、それに反した企業が淘汰される「適者生存」というルールがあると思います。京セラが今も一応順調に成長しているのを見ると、その考えは間違ってはいなかったと思いますね。

不祥事は企業哲学の反映

――突き詰めると、会社は何のために存在しているのか、という根本的な問題にも関わってきますね。

稲盛　最近不祥事などを起こして、経営が悪化する企業も多いですが、企業が経営哲学をしっかり持ち、社内の全社員で常に確認し合っているかどうか。これが重要でしょう。私が21年前に通信事業に参入するときも、何のためにやるのか、何度も自分に問いました。当時、ＮＴＴは一体運営でそのまま民営化され、巨大な寡占状態は全く変わらずにいびつなままで参入を強いられた。私が参入して第二電電（ＤＤＩ）をつくったのは、純粋に日本の電話料金の高さに驚き、これを何としても下げたかったからです。

だが、ビジネスチャンスと見て旧国鉄など大資本を武器に参入した他社は、その後の再編で姿を消しました。旧国鉄資本の日本テレコムは身売りされ、ソフトバンクの傘下に入りました。いろんな会社が参入しましたが、今やＮＴＴに対抗し得る勢力として残っているのは最も弱小だったＤＤＩを母体にしたＫＤＤＩだけです。

単に野心と野望だけで参入していないか、独占企業に立ち向かい何としても値段を下げたい、という意思を強く持ち続けたか。こうした理念の差が企業の存続に大事だったのでは、と私は考えます。

――そういう意味では、世の中のニーズをくみ取り、社会に貢献するには、新しい事業を絶対に成功させるという経営者の強い意志も重要になってきますね。いわば闘争心というような。

稲盛　おっしゃる通りです。徒手空拳で始めたＤＤＩも、いつ社員を路頭に迷わせるかもしれないという危機感があり、私の闘争心に火をつけました。当時は昼夜なく働きましたね。寝る間も惜しんで。それが苦痛でもなかったですけどね。私はやはり、いい意味の闘争心がない人は経営者になってはいけない、社員を不幸にするだけだと思います。不撓不屈の精神がないと務まらないでしょう。

どんな激しいスポーツにも、誰にも負けない強い闘争心が必要です。格闘技などでも精神面でちょっとでも油断したり、ひるんだりすると負けるでしょう。それと同じだと思います。女性の内に秘めた闘争心にはすごいものがある。私は女性の経営者にもそれでやればいいと言うんです。女性は家庭でも強いでしょ（笑）。

――京セラは発祥のセラミック以外に複写機やカメラなど多角化に積極的です。規模の拡大によって経営の舵取りは難しくなりますが、どんなことに注意しているのですか。

稲盛 企業が発展していく場合、一般には事業の選択と集中を進めるべき、と言われます。しかし、私は成長するためにはあくまで多角化が必須条件だと思っています。もちろん、力が分散しますから、経営上は非常に難しく、リスクも大きくなる。でもその難しいところに成功しないと、成長はない。だからあえて多角化の道を歩みます。

私は実は、若い頃からカネボウさんを反面教師にしてきました。「ペンタゴン経営」の名の下、綿紡績から化繊、医薬品、食品、化粧品まで展開されました。経営資源と技術を使い、横展開していく。私も企業成長はそうあるべきだと思いました。

ところが、決算では収益が上がっていないという。これは非常に問題でして、一見華々しくて格好よいけれども、非常にリスキーで、全く意味がない。京セラもいろいろな分野に展開していますが、うまくいかなければすぐに撤収する。多角化すればするほどリスクが増すわけだから、より注意しなければいけない。

こういう話があります。ベンチャーから成長したある大企業の社長さんですが、多角化事業がずっと赤字だった。その人が言うには、「主力事業が黒字だから問題ない。むしろ、一部赤字のほうが社内に緊張感があっていいんですよ」と。これは全くおかしい。趣味で多角化すると、会社を危うくする。すべて黒字にするよう必死に努力しないとおかしいんです。

──京都の町工場で会社を興した京セラも今やグループ従業員数は世界で5万7000人を超えます。社員の一体感はどう維持しているのですか。

稲盛　小さい組織のときなら、トップがしっかりしていれば、会社を引っ張ることはできる。ただ、そのようにリーダーだけに依存する形にしていくと、会社の規模が大きくなるに従って、全体を見切れなくなり、衰退していく気がします。私はそれぞれの部門を統治してくれるリーダーの育成が重要だ、とまず思いました。

まだ中小企業の頃ですが、頼りになる部下が少ないから冗談めかして、「俺が孫悟空だったら、毛をぷっと飛ばして自分を5人も10人も出せるから楽なのにな」と言ってました（笑）。もちろん今では、私の代わりにそれぞれの部門を統治するリーダーがたくさん育っていますけどね。

もう1つ思ったのは、リーダーも大事だが、末端の従業員まで私と同じように行動してくれれば、もっと確実だ、ということです。そこで、組織を小単位に分けて採算を管理する「アメーバ経営」と、社員の行動基準になる「京セラフィロソフィ」をつくり出したんです。

連結売上高が1兆円を超えても、一人ひとりが生き生きと働いてくれ、税引き前利益率も2ケタを維持できているのは、その成果だと私は思っています。末端の作業者のおばちゃんまでが、自分の会社だ、という気持ちになって働いてくれていますから。

安定性が最も重要

――企業のあり方がこの数年大きく変化した要因として、株主の重みが格段に増したことが挙げられます。株主資本を効率よく使っているか、配当がいくらかとか。こうした考えと稲盛さんが唱える経営者の倫理とは綱引きがあると思うんですが。

稲盛　企業を見る目、そして企業を測る尺度は時代とともに少しずつ変わっています。私は企業経営する上で、その流れに合わせていくことを非常に問題だと感じています。

資本主義社会では企業は株主の所有物、と言われています。ただ、すべての株主とは言いませんが、投資家は昨今投機的な見方をしがちです。以前は会社の収益性を見る場合、ＰＥＲ（株価収益率）が多く用いられましたが、最近はＲＯＥ（株主資本利益率）で見たり、短期で投資した場合にどう見るか、などで評価する傾向にあります。

当社は中小零細で始まった企業でもあり、第一に株主に貢献しようとは言っていません。従業員の物心両面の幸せを実現し、社会への貢献を果たす、ということを企業の目的に掲げています。これはニューヨーク証券取引所へ上場した後も変えていません。従業員が物心両面で充実し、一生懸命働く。それがとりもなおさず、株主にもプラスになって返ってくると思っています。株主のために従業員が苦しんでいたのでは、長い目で見て長続きしないわけで、それでは本末転倒でしょう。

私は経営安定のため、かねて現金、内部留保を重視する「キャッシュフロー経営」をうたい、世間でも広まりましたが、最近ではちょっと逸脱してきた感じですね。例えば、ＲＯＥで見ると、内部留保が大きい分、京セラの評価は低くなる。内部留保を少なくして、ぎりぎりまで投資に回したほうが資本を最大限有効に使っている、と投資家は言うわけです。確かにその瞬間では見た目はいいかもしれません。ですが、経営の安定性から は逆行します。企業は永遠に発展していかなければならんと言われていながら、投資家は企業の永続性より瞬間的に良くすることを求めているわけです。これはおかしいではないかと。

たとえ、それが世間の風潮であってもそんなばかな話はない。若い証券会社の人たちが、いろいろな尺度で都合のいい解釈でやろうとしても、気にするなと。変えなくていいものは変えなくてよい。それで評価が悪くても構わないと、社内には言っている。私はこれだけの数の従業員がいれば、安定性というものは何物にも替え難い重要なファクターだと思います。

――先ほどの話にリーダー育成の重要性が出ましたが、最近の日本では政治にしろプロ野球の球団経営にしろ、リーダーシップが薄れているように思えます。

稲盛　政治にしろ、プロ野球にしろ、リーダーの資質とは能力という才気煥発な面だけではありません。それより人間性、人格と言いましょうか。そういうものが今後は非常に大きなウエートを占めると思っていましてね。

リーダーになる人はやはり一級の人物でなければならんと。無私の心を持ち、いつでも自分をゼロにできる人間です。自分が一番大事と思っている人はリーダーになってはいけないのです。組織のため自ら犠牲になる人物でないと。欧州の貴族社会でも「ノブレスオブリージュ（高い身分に伴う義務）」という言葉がありますが、私は無私の心と思っています。

私は西郷隆盛を崇拝していますが、日本の政治でも名誉も地位も金もいらない、という人でなければ政を任せるわけにはいきません。そういう人があまりにも少なくなりましたね。戦後の日本には。

無私の人こそリーダーに

——それはなぜなのでしょう。

稲盛　そういうものが人間として最も高い価値がある、という社会的な評価がなくなったからではないでしょうか。そういうリーダーがいないし、大事にされることもなくなった。本来、「武士は食わねど高楊枝」と言われましたが、誰しも欲はある（笑）。でもやせ我慢でもいいんです。やせ我慢でもいいから、欲を抑える意思がある人をリーダーに据えてこなかったことが問題です。世の中が乱れるのも、組織が乱れるのも、リーダーがそういう人物でないときに起こる気がします。

自分や会社のことを捨てて考えられる。そういう人だったら業界団体でも意見が通るはずですし、自分のチームのことだけを考えているようでは他の球団がまとまってくれるはずがありません。政治家でも権力の座を守るために、（国民の）サプライズを狙った発言を連発したり、国を売って権力の座を守ったりするのは、とんでもないことで、最も恥ずべき行為です。無論、ジャーナリストにも責任はあります。そういう低俗な人は糾弾しないといけない。

――先ほど企業の成長はいずれ止まるとおっしゃいましたが、強調しますと現場に影響しませんか（笑）。

稲盛　いえいえ、それを承知で一生懸命頑張ろう、ということですよ。頑張った上で、達成がここまでなら、仕方がない、と。経営陣もそれは分かっていると思います。

私の郷里の鹿児島に「串木野さのさ」という民謡があります。その一節に「落ちぶれて袖に涙のかかるとき、人の心の奥ぞ知る　朝日を拝む人あれど、夕日を拝む人はない」とあります。自分が華やかだったときはみんながちやほやしてくれたが、落ち目のときは相手にしてくれない、という意味です。

企業の成長もいつか止まるかもしれない。しかし、それはそれでしょうがない。それを承知の上で、とことん伸ばしてみせようと。重要なのは、今の規模でいいと思った瞬間に成長はなくなる、ということです。

――稲盛さんは今も大変お忙しいようですが、残り何年あればやりたいことがすべてできると考えていますか。

稲盛　いえいえ、やり残したことはありませんよ。今日でも、明日でも死んでもいい。毎日が安らかであればいいと思っていますから（笑）。

――仮にご自身が京セラにいなくなることを想定しても、思い残すことはないのでしょうか。

稲盛　昔、会社の後輩たちに1つだけ遺言したことがあります。「もし、名誉会長が生きてたら、この局面でどう言うやろ。何らかの決断をするときに必ずそうワンクッション入れてくれ」と。結論を出す直前に、もう1回そっちの回路につなぐと、案外「おまえ、ばかか」と言うかもしれない。でも今では伊藤（謙介）会長はじめ、私の思想をみんなに伝えるよう組織立って一生懸命やってくれていますから、それはそれでいい、と今は思っています。

とはいえ、若手が相談に来たとき、いいかげんな内容だったら今でも怒鳴ります。「ばかか、おまえは」って（笑）。今でもそこはやっぱり真剣に考えますね。そのせいか、最近は相談にだんだん来なくなっていますよ（笑）。

（日経ビジネス2004年9月27日号）

大将自ら馬に乗って、「我に続け」と進んでいけ

――稲盛さんは、日本人は本来、すごく勤勉だが、慣れ親しむと慢心する性癖があるとおっしゃっていますね。

稲盛　エズラ・ボーゲルさんの『ジャパン・アズ・ナンバーワン』という本が出たのが1979年。当時は日本の企業が非常に強くなって、アメリカの産業なんか問題にならんぐらい強いと言われていた。

それをボーゲルさんがああいう表現で書いたわけですが、アメリカの有識者の中には、アメリカの経営者に対する警鐘としては非常に結構だけれども、日本の経営者が読んだら、慢心して傲慢になってしまいかねないと警告する人もあったようです。

その警告の通り、成功体験に酔って天狗になり、原点を忘れて放漫経営を始めた。そして、バブルに至って、それが破れて奈落の底へ落ちていくわけですね。

現時点を見ても、私は日本を代表する大企業自身が自信を喪失していると思います。例えば、三菱自動車さんの問題。もともと、親会社であった三菱重工さんも大変強い、素晴らしい技術を持った企業ですが、90年代の初め、ちょうど円高に日本が突っ込んでいったとき、三菱重工の当時の社長が「円高、何するものぞ。三菱重工には強い競争力があって、円高で80円になってもびくともしません」と豪語されたのを日経さんで読んで、そこまで言うか、あまりにも自信過剰じゃないか、と思ったことがありました。

日立さんにしても東芝さんにしても三菱電機さんにしても、重電を含めて、過去に非常に素晴らしい力を持っていた日本の電機メーカーさんが今、非常に弱っておられます。それを見ますと、中小企業やなしに、大企業自身が自信を失ってしまっておると感じずにはいられません。


——経営者が弱ったともいえます。


稲盛　今、大事なことは、経営トップが自分の会社の強さ弱さを分析して、自分の会社をどうしなきゃならないかという理念を改めて構築し直すこと。それと同時に、日本の産業界を、日本の経済を再建するのだという次元の高い使命感に燃えることです。

経営者には一日も早く自信を取り戻していただきたい。取り戻せないなら、社長を交代せなならん。まだ幹も根も腐っていません。自信のある人にバトンを渡しさえすれば、企業は立派に立ち直る。

中堅・中小の企業も、今までは大企業の下請けであったり、公共事業頼みの待ちの経営で、自分から何をすべきか、自分で生きていくためにはどうすべきかということが何もなかった。これからの時代は、自分の道は自分で切り開くのです。その源泉は、やはり勤勉さです。

――その勤勉さを取り戻すために、経営トップに求められるのは。

稲盛　強いリーダーシップです。俗っぽく言いますとボス的な素質、もっと言えば、ガキ大将的な資質があるのかということですね。でもね、仮にそれを持ち合わせていないとしても、親の代からの家業を継がなきゃならん、社長をせにゃならんという運命にあったとすれば、企業を守らなきゃならない責任がある。それを自覚した瞬間に、なよなよしているわけにいかんという強い意志力が生まれてくる。

そして、会社を立派にしていかなきゃならんけれど、それを自分の一族の財産を増やすことと同意語に捉える人がいる。仮に自分の家業を継いだとしても、一族の財産ではなく、従業員みんなが幸せになるために会社はあると思わないといかん。

今、うちは中小企業だから、大企業に比べて、若干低い給料しか払っていません。退職金や厚生年金にしても見劣りします。それでは働く皆さんにとって申し訳ない。だから、みんなで頑張って、もっともっといい給料が出せるような、従業員の皆さんが本当にこの会社におってよかったと思えるような企業にしていきたい——そう言えるようにならねばならんと思う。経営者は公明正大な経営の理念を持たねばならんのです。

——時として、そのリーダーシップを取り違えてしまう例も見られます。

稲盛　強いリーダーシップとはまさにトップダウンなんですが、ワンマンで暴走することがある。これじゃいかんということで、独裁を回避しようと下に権限委譲して、自分は何もしないで非常にうまくいきました。しかし、それじゃ今度は、社長は要らんやないかとなる。暴走していくワンマン型と本当の意味のリーダーシップの境目はなかなか難しい。

結局はリーダーというのは、素晴らしい人間性を持っていなきゃならんのです。強いリーダーシップで引っ張りながら、みんなの意見を聞いて意見をまとめていく。両方がうまくかみ合わさっているのでなければ、名指導者にはなれないんですね。

私は子供の頃、よく戦記物を読んだのですけれど、大将には、全軍と一緒に大将自ら馬に乗って、我に続けと言って進んでいく大将と、後方に天幕を張って、軍扇持って指示する大将と、二通りあるわけです。

例えば、日露戦争の旅順攻略のとき。乃木希典が二百三高地の前線に布陣する一方、司令官の大山巌は後方陣地におった。

あるとき、大山が起きてきて朝の空気を吸いながら、副官に薩摩弁で「今日はどこで戦があるとかいな」と言う。二百三高地では、死屍累々となって争奪戦をやっているのに、何を言うてるのか。

大山巌というのは我が薩摩の大先輩ですが、私は「あんなばか将軍がおるからや。何が英雄、豪傑よ。ばかばかしい。俺ならば最前線に行って、二百三高地の下で乃木希典よりもっと前へ行って、塹壕の中で泥水をすすり、銃弾も受けて、前線の兵を叱咤激励する。そうして部下の士気を鼓舞する指揮官でなかったら、真の指揮官ではない」と憤慨した。

――今の時代、中堅・中小企業ほど、そういう人でなければ指揮官をやってはいけないのではないでしょうか。

稲盛　いや、もうおっしゃる通り。ところが、そうでない人たちが今の中堅・中小企業の経営をしているわけですね、大半は。私は、そういう人たちに目を覚まさせるといいますか、リーダーとしての能力とは、自己啓発を繰り返すことで備わっていくのですよということを訴えているわけです。事実、素直にそれを聞いて、自分で研鑽を積んで、ガラッと変わっていく人が、やっぱりおるんですね。

面白いのは、そういうケースは大体、泥臭い話が多いわけです。経営者自ら一番の契約を結んでこなきゃいけないし、あるときには会社の中で自ら掃除もする。上に立ってよし、下におっても立派やと。自分が先頭を切って走る。そういう姿勢がなかったら、部下は付いてきません。

――しかし、現実には、やはり現状に安住しようという意識のほうがまだ強いように見受けられます。

稲盛　私なんかこんなじいさんになって、会社も比較的大きくなって、それでも神経質に心配する。それなのに、私に言わせりゃ、私なんかよりはるかに不安で、いつ潰れてもおかしくないような企業の経営者が悠々と安心し切っておられる。もう心配で心配で、あなたの会社、大丈夫ですかよ、と言いたくなる（笑）。

私ももう72歳。27歳で京セラという会社をつくって45年です。長生きしているものだから、過去にもいろいろなパターンを見てきましたが、有頂天になってうまくいくはずがない。それは、物の道理なんです。人間というのは本当に進歩しないのやな、と思います。十年一昔と言いますが、十年たつと、本当にコロッと忘れちゃうんですかね、人間というのは。

この前、ある先生と話をしていましたら、日本では法学部、経済学部を出た人間が官僚や政治家になったり偉くなっていく。それに比べてイギリスではね、歴史学を勉強したのが全部エリートになっていくんだそうです。なるほどな、と思いましたね。栄枯盛衰、世の習い。歴史に教わることはいくらもあるんです。それによって人間は成長し、同じ轍を踏まなくなる。せめて近代経済史ぐらいは、経営者は学ぶべきでしょうな。

――日本人は突出することを嫌います。それもマイナス要因になる。

稲盛　個が確立してないんですね。それはまた、エゴが強くないとか、利己的でないというい面もあるんですが。みんな、実は立派な見識を持っておられるんですけれど、結局は事無かれ主義に走っていく。そういう点では、本当に御しやすい民族かもしれませんな。

本来、一番良識も見識もある日本のリーダー的な、日本の大企業の経営者の方々においてすら、大勢の流れに従い、政府に盾突くなんてことは何も言わない。だらしないというか、勇気がないというか。頑張ってもらわなきゃならんのに。長いものには巻かれろの図式では立ちゆかないことを、声高に言わねばならない。

――本当に、真剣に変わらなければならない時期に来ていますね。

稲盛　大きな世代交代の時期にあるのでしょう。これだけ劇的に回り舞台が回り始めて、04年、05年とスピードを上げてきた。

私は改めて、日本経済を再建していくのに相応しい新しい経営者たちよ、出てきてくれ、本物よ出でよ、と訴えたい。そこに今、頭角を現しているのが、ソフトバンクであったり、楽天であったりするのかもしれません。そして、彼らが次代のリーダーとして立派な資質を備えているのかという問題を問わなきゃいけない。

苦難に遭遇すると、貧者の家に何かいいものが生まれると言うでしょ。ガタガタになってきたからこそ、立派なリーダーが生まれるんじゃないでしょうか。政治も同様です。あらゆる局面がすべてターニングポイントに来ている。だから、いいものが生まれるように、みんなで育てなきゃいかんのです。

（日経トップリーダー2005年2月号）

貪欲社会からの解脱。
心のブレーキを踏め

――企業の不祥事や法令違反が次々に発覚しています。その背景にはいったい何があるのでしょうか。

稲盛 根底にあるのは、際限がなくて抑制することのできない欲望です。言い換えると、「足るを知る」という謙虚さを見失ってしまったことです。

企業経営者を突き動かす原動力は、自分の企業をさらに大きく、もっと立派にしたいという強い意志、やる気、思いです。もっと根元的には、やはり人間の欲望なんですね。強い願望です。それに才覚や才能が加わって事業は回っていきます。これは企業という集まりだけでなく、現在の資本主義社会の発展、学問や科学技術の発展、ひっくるめると人類の進歩というもののすべてに通じることです。

ただし、初期の資本主義というのは非常に堅実で、地味なものでした。担い手は敬虔なプロテスタントです。生活を質素にし、労働を尊び、得られた利益は社会の発展のために還元する。自由な経済活動が許されるためには、厳格なほどの精神的、倫理的規範が前提となっていたのです。

――しかし、現代の資本主義は様変わりしました。

稲盛　ええ。貪るような強い欲望を持つことは美徳だとまで言う人もいるくらいです。「もっと儲けたい」「もっと金持ちになりたい」という貪欲さが無制限に膨らんでいます。しかし、際限のない貪欲さというのは、必ず破綻への道をたどっていきます。

才覚もあり、知恵もあり、やる気もあって若さもある。そんな昨今の企業経営者の方々が、大きな成功を収める。そして、自信を深めて、さらに貪欲さを増して突き進む。次第に自信は慢心に変わって有頂天になっていく。膨張する自己顕示欲に歯止めが利かなくなります。やっていいこと、悪いことの見境もつかなくなり、ついに不正に手を染めて自滅していくのです。

人類の進歩、社会の進歩、企業の発展のためには、人間の欲が必要です。現代の社会で、謹厳実直に慎ましくやりなさいと言うつもりはありませんが、際限のない貪欲さはいけない。欲望とはそれが過剰になったとき、人類をこの地球上から抹殺するぐらいの恐ろしいものです。発展のエンジンは、破滅へのエンジンにもなり得るのです。

欲望が渦巻く社会だからこそ、人は足ることを知らねばなりません。一生懸命に努力して若くして成功したとしても、それは1人の努力の結果ではない。多くの人の助けがあってこその成功です。そのことに心から感謝する。すると、こんなに会社がうまくいっていいものだろうか、これでいいんだろうか、行き過ぎていないだろうかと顧みる心、日本人特有の「もったいない」という気持ちが生まれて少しブレーキを踏む。そうした謙虚さを持つことが成功を持続させる条件だと思います。

――足るを知るということを忘れて、ブレーキを踏めなくなってしまったのは、なぜなのでしょうか。

稲盛 人間としてのあるべき姿、人間としてやっていいこと、悪いことという、非常にベーシックな倫理観、道徳観を教わる機会がどんどん少なくなっているからだと思います。

豊かさの代償に失った謙虚さ

私のような古い人間は、戦中・戦後の日本が最も貧しかった時代に生きました。国も社会も家庭も貧しかった。家では、わずかなものを父親、母親、そして多くの兄弟たちと分け合って生きていかなければならない。「俺が、俺が」ということをしていたら、家族みんなが仲睦まじく暮らしていくことはできませんでした。

理屈じゃなしに、そういう厳しい環境から謙虚さというものを教わったのです。社会の中には自分だけが生きているのではない。周りの人たちと調和して、協力しなければ平和な社会をつくることはできないということを、貧しさの中から学んだのです。親や学校の先生も繰り返し教えてくれました。

ところが、戦後、学校教育の場ではそういう道徳や倫理を教えなくなってしまった。社会が豊かになるにつれ、1つのものを家族みんなで分け合うなどということもなくなりました。逆に、自由に、気ままに、勝手に、極端に言うとやりたい放題やっても許される。自分の気持ちを抑えてはいけない、他人のことなど気にせずに思う通りにやったらいいんだと教えるようになった。

社会にはルール、規律というものがあって、社会の一員である以上、それらを守らなければならないということは二の次になってしまったのです。道徳や倫理は煙たがられるようになり、その大切さに気づかなくなってしまった。そういう積み重ねがあって、今、悪しき面が一気に噴き出してきたと見ていいんじゃないでしょうか。

これは大変悲しいことです。豊かになった代償として、大切なものを失ってしまった。貧乏や苦労がよかったなどと言うつもりは毛頭ありませんが、豊かになったために欠落していく大切なものがあるなら、それを教育で補ってやらなければいけないと思います。

――特に責任ある企業経営者には、そういう心得が不可欠ですね。

稲盛 経営者はもう大人ですから、今から〝しつけ〟というわけにはいきません。私は、人間というのは結局、〝スカポン〟、アホな生き物だと思うんですよ。失敗して、痛い目に遭って、それに懲りて、変わっていくしかないんです。何が是で何が非かを自分で気づくことができる人は事前に危機を回避できるでしょうが、多くの人はそう簡単に変われないでしょう。企業の不祥事はこれからもいっぱい起きると思います。罪を犯して、糾弾されて、社会的制裁を受けて、初めて思い知るのです。そういうことが社会全体の反面教師になっていく。子供の頃から教わっていれば、そんなに高い代償を払わなくても済んだはずですから、見方によってはかわいそうだとも言える。でも、そこから立ち直っていくしかないんです。

――企業不祥事の多くは米国的資本主義が極限まで行き着いた結果だと見れば、その対極にある「日本的経営」の良さを我々は見直すべきなのではないでしょうか。

稲盛 日本的経営とかグローバル経営という言葉がありますけど、そういうものにこだわることはありません。欧米の経営スタイルは、貪欲さをエンジンにして利益を極限まで追求していくことを善とします。日本が何か違うとすれば、「それは必ずしも善ではないのではなかろうか」と疑念を持つ良識ある人たちが少なからずいるというくらいのことでしょう。

米エンロンとか米ワールドコムのような大事件のほかにも、小さな不祥事はたくさん起こっています。そういう不正や不祥事を防ぐために、もっと厳しい法律をつくり、法令順守のための膨大なルールをつくり、それを守らせるためのルールをまたつくる。社内監査を厳格にするために、莫大なお金を支払って弁護士事務所や監査法人を雇う。

これでもか、これでもかとルールやチェック機能を設けて不正を防ごうとするのですが、不正を完全になくすことはできないだろうと誰もが内心では思っている。ずる賢い人間はそうした法やルールの網を易々とかいくぐる。人間の心というものが変わらない限り、同じことの繰り返しです。それは米国でも日本でも同じです。

日本人が特に道徳心が高いとか、倫理観が高いとは思いません。日本的経営だから安全だ、危険がないとは決して言えません。ただ、日本人は全体に流れている気質の中に穏やかな人間性というようなものがある。とても優しい民族なのです。

この極東の４つの島は、黒潮と親潮が合流して海の幸も豊富に捕れるし、温暖な気候で素晴らしい果実も実る。縄文の時代から、激しく争わなくても食べていけました。そういう環境が何千年もかけて日本人の穏やかな気質を育てたのです。

欧米の場合は狩猟民族ですから、俺が、俺がという押しの強さがなければ食べられなかった。そこに優しい心根を持った日本人がしゃしゃり出ていくのだから、そりゃ、やっつけられますよ。肉食動物と草食動物ぐらいの違いがあるんじゃないかと思います。

明治以来の近代史を振り返ると、日本人は欧米列強と肩を並べようと精いっぱいの背伸びをしながら戦ってきましたが、あまり良い成果を上げなかった。戦後は、経済的にはのし上がりましたが、グローバルな舞台の隅々で欧米各国と対等にやり合えるようになったとは思えません。我々は優しくも、時にか弱い気質を持った民族なんだということを知った上で、どういう経営をすればよいかを考えるべきです。

必要とされることが企業価値

――企業の価値とは株式の時価総額であるという考え方が、ライブドア事件を引き起こしました。企業価値を改めて問い直す必要がありそうです。

稲盛　企業の価値というのは、その企業が存在することを社会に認められていること、人々から必要とされていることが第一条件です。社会に貢献するということが企業価値の源泉です。

多くの社員を雇用し、その雇用を守っていく。収益を上げて、納税という形で社会に還元する。モノやサービスを買ってくれる顧客や取引先などを含めて、多くの人々がありがたいと思ってくれること。本来、そういうものが企業の価値なのです。

企業価値を測る指標として、上場会社の場合は株価というものがあります。ところが、昨今の株式市場を見ると、収益を上げていない、税金も納めていない、雇用にも役立っていないような企業が、これから伸びそうだという期待感だけで株価が暴騰するようなことがあります。株価が高いことをいいことに、株式分割を繰り返し、巧妙に株価を上げていくような操作が行われました。株式の時価総額は確かに企業の資産価値を示しますが、〝企業の価値〟そのものではありません。

時価総額を大きくしていくことが企業経営なのだと一部の若い経営者たちが言って、時価総額経営などという言葉も生まれました。しかし、私はそうじゃないと思います。証券市場がマネーゲームの舞台になってしまいましたから、自分が持っている株の値段が上がれば得をするという、それだけの世界なのですから、株価と経営というのは全く別次元にあります。

――エンロン事件やワールドコム事件に端を発して制定された米国のサーベンス・オクスレー法（SOX法）を日本にも取り入れて、不正防止の仕組みを強化しようという動きがあります。こうした法律で、稲盛さんが言う意味での企業価値を守れるでしょうか。

稲盛　企業価値を守るというよりは「企業を守る」ということでしょうね。企業を存続させるためであって、企業価値を守ったり、企業価値を上げたりするということとは違うと思います。

――少し話題を変えさせてください。日本の人口がついに減少に転じました。2050年を過ぎると日本の人口は現在の半分ぐらいに減ってしまうかもしれません。成熟国家と言えば少し聞こえはいいのですが、このままでは衰退の一本道を歩むことになりかねないという見方もあります。成長を前提とした戦後60年と、成熟期を迎えるこれからの何十年とでは、根本的に考え方を変えていく必要があるのではないでしょうか。

稲盛　おっしゃるように、日本は少子化の方向にどんどん進んでいますから、人口は確実に減少していくと思います。つまり労働人口が減っていきます。そして、これまでは発展途上国と呼ばれていた国々が急激に成長していくでしょう。日本のGDPは現在世界第2位ですが、これら2つの要因が重なって、日本はGDPの順位をどんどん下げていくでしょう。

私はそれはそれで仕方がないと思っています。今まで日本人が築き上げてきた資産を大切にしながら、新しい道を探るしかありません。国民の知的レベルは高いですし、高度な産業技術を持っています。成熟期を迎えて国力としては相対的に小さくなっていくかもしれませんが、考え方とやり方によっては、とても豊かな社会をつくるチャンスなのかもしれません。

「我が国が」「我が社が」と肩を怒らせて他国や他国の企業よりも上に立つことに必要以上にこだわらなければ、この小さな辺境の島々に、平和で幸福な国をつくれるんじゃないでしょうか。住みやすくて、ぎくしゃくしないで、みんなが助け合っていく、そんな気持ちが安らぐような社会ができるのではないでしょうか。

とても穏やかでマイルドな気質と素晴らしい心根を持った日本人が、本来の姿で生き生きと暮らせる国。世界の人たちが「日本には本当にいい人たちが多い」と言って愛され、尊敬される国。この国は、そんなふうに変わっていけるのではないかと思うのです。スイスを見てください。北欧のフィンランドやスウェーデンを見てください。GDPも大きくないし、人口も多くないのに、世界中に根を張って活躍している素晴らしい企業をいくつも生み出しています。現在のように、何でもかんでも手をつけるような総合型企業は減っていく代わりに、日本の強みを生かした新しいタイプの企業が生まれてくるに違いありません。

国益論さえ見直す勇気を

政治家も官僚も、何かあると「国益」ということを持ち出すのですが、私は21世紀の日本のあり方を考える上で、国益というものは〝問題児〟だと思うのです。語られている国益の実態は「国のメンツ」ぐらいの意味しかありません。外国に侮辱されてはいけないと、胸襟を開くことを頑なに拒んでいる。ばかばかしいことです。

少子高齢化時代を迎え日本の勢いが衰えていくかもしれないというのに、これまでとは逆回りの変化が経済や産業、社会にこれまで以上に大きな矛盾を生み出しかねないというそのときに、つまらないメンツなどにこだわっていられるのでしょうか。外国から理不尽なことを言われて黙って引っ込む必要はありませんが、あくまでも道義を貫いて主張すればよいだけのことです。

国益を第一に考える、国力に主軸を置くという発想から、21世紀の日本人は少し距離を置いたほうがいい。これには勇気がいりますよ。ですが、これまでと同じように世界に冠たる経済大国の座を守ろうとして、国民にむち打って馬車馬のように働かせることが果たして幸福なのか。他国に侮辱されないためにと防衛費に巨額の税金を投じ続けることが、本当に国益というものにつながるのか。

国民はもだえ苦しみ、えらい苦労をすることになるのではないか。戦後60年で形作ってきた国益という固定観念から解脱して悟りを開くべきときだと思います。

――発想の大転換ですね。

稲盛 昔、地方の町や村には、篤志家、素封家と言われる家がありました。大金持ちというわけではないけれども先祖代々続いた家で、教養があり、おかしがたい気品と威厳に満ちていて、みんなから尊敬されている。貧しい家の子に学費を出して教育を受けさせてあげたりするような人。欲のぎらぎらさがなくて、権力へのこだわりもない。

21世紀の後半でしょうか、22世紀に入る頃でしょうか。日本は、世界という村の中でそんな素封家のような存在になれたらいいなと思います。

（日経ビジネス2006年4月3日号）

哲学なき企業は去るのみ

――企業経営のあるべき姿、経営者の生き方を長年にわたって説いてこられた稲盛さんの目には、小泉政権下のこの5年間と新しい時代への節目がどのように映りますか。

稲盛 景気が上向いてきて、多くの日本企業が一息ついている。今はそんなところでしょう。ずっと日照りが続き、必死に渇きをしのいでいた草木が、若干の雨に恵まれて息を吹き返しています。でも、雨が降っているときこそ、楽をせずに抵抗力をつけておかなくては、次の日照りで今度こそ本当に枯れてしまう。

――景気は底堅くなってきていますが、日本企業にはまだまだ抵抗力が足りないということですか。

稲盛 10％の利益率があれば、不況で売上高が30％減っても、赤字にならなくて済みます。でも、日本では大半の企業が数％の低い利益率のままでひょろひょろと生き延びてきました。この後、また景気が低迷するようなことがあれば、すぐにまた赤字に転落してしまうでしょう。

日本企業にはもう余分な蓄えはありません。例えば日本の電機業界は、2001年の

ＩＴ（情報技術）バブル崩壊で大半の企業が赤字に転落し、貸借対照表の資本の部を大幅に傷めました。公的資金によって何とか生き延びた銀行も同じです。戦後、60年をかけてこつこつと積み上げてきた内部留保の多くを、既に失ってしまっています。だから、同じ失敗は許されない。必死に戦う力を身につけていない雑草は、次の日照りでは生き延びることなく、枯れ果てていくでしょう。

弱肉強食ではなく適者生存

──日本企業同士のＴＯＢ（株式公開買い付け）合戦など、これまでの日本ではあまり見られなかった闘争心むき出しの競争が目立ってきています。

稲盛　自然界で生き残るためには、すさまじい闘争心が必要です。でも、闘争心をどこに向かわせるべきかで、経営者は勘違いしやすい。対象にすべきなのは、決して競争相手ではないのです。

もちろんビジネスなので、同業者との競争にも勝たなければならない。でもその前に、ジャングルの中ではまず自分自身が必死に生きなくてはならない。相手を殺すために戦うのではなく、自分が生き延びるために戦うのです。

京セラはずっと高収益を維持しています。「あそこはがめつく儲けている」と言われることも少なくありません。しかし今の高収益体質は、競争相手をなぎ倒して身につけたものではない。お客様に信頼され、支持されてきた証拠であり、生き延びようと必死に努力してきたことの結果なんです。

――相手を叩き潰して自分だけが生き残ろうとしても、生態系が崩れれば自分も枯れてしまうと。

稲盛 企業間の競争は「弱肉強食」ではありません。「適者生存」こそ真理です。滅びる企業は競争相手に負けたのではなく、日々刻々と変わっている環境にうまく適応できなかったというだけのことです。
適者になるためには、歯を食いしばって必死に努力しなければならない。「こんなに日照りが続いたら枯れるのは当たり前」と思ったら終わりです。「これだけ値段が下がったら、もうテレビは儲かるはずがない」と諦める企業と、「それでもうちはテレビで食っていくんだ」と努力をする企業では結果は全然違う。相手がどこであれ、力強い生き方ができない企業はいつかは敗退します。

小さな傷が崩壊につながる

——逆境でも歯を食いしばって踏みとどまるためには、企業経営者は何を実践すべきでしょうか。

稲盛　企業の競争力を測る物差しはいろいろあります。しかし結局は、社内のベクトルがそろっているか、つまり社員全員が経営者と同じ気持ちで、同じ方向を向いているのかどうかで決まります。

これからの時代は競争の舞台は世界です。変化はますます激しくなるでしょう。だからこそ、経営者が明確な哲学を持っていることが重要になる。

さらにその哲学が、誰もが共感できる普遍性のあるものでなければいけません。どんなに優れた経営者であっても、我欲を社員に押しつけていては長くは続きません。また、どんなに発展を遂げた企業であっても、トップの哲学に小さな傷が入れば、そこからあっという間に崩れ落ちるものです。

ダイエーがいい例でしょう。中内㓛さんの理念が力となり、ダイエーは見事に成長しました。それでも、晩年に「息子に後を継がせたい」といった我欲が見え隠れしたことで、企業全体が徐々におかしな方向にずれていった。我々はこれまでの歴史の中で、そうした例をいくつも見てきているはずです。

――稲盛さんは「利他の心」の重要さを説いてこられました。企業や個人がどんどん利己的になりつつある中で、理解されにくくなっているのではありませんか。

稲盛　社会が豊かになり、欲望の赴くままに自分勝手に行動することが正当化されるようになりつつある。これは確かです。逆に、損な役回りを引き受けて相手を立てる美徳は大事にされなくなったし、それを教えてくれる人もいなくなった。

利他を実践するのは非常に厳しい生き方です。俗っぽい生き方に慣れ、それに染まった人には、特に難しいかもしれない。大企業であればあるほど、インテリであればあるほど、理解されにくくなっています。

エリートほど利己的になる

――それは京セラでも同じですか。

稲盛 コンパで新入社員に利他の精神について話すと、必ず何人かが「経営者の考え方を社員に強制するのはおかしい」と反論してきます。何度も繰り返して説明するのですが、それでもダメなら私は「俺は今後も同じことを言い続けるから、理解できないのなら明日にでも辞めたほうがいい」とはっきり言います。

実際に辞めた人間もいますが、そういう社員に限って旧帝大を出てきたようなエリートなんです（笑）。どんなに優秀でも、会社の哲学に同調できない人間は必要ないし、会社に残ることは本人にとっても幸せではない。

――個人主義の傾向が強まり、個々が仕事のやりがいや充足感を重視するようになってきています。企業はこれから、どのようにして社員に幸せを提供すべきなのでしょう。

稲盛 その点も、経営者がその哲学を社員と共有できているかどうかと深く関係します。

お互いに同じ方向を向いて仕事をしているかどうかで、仕事から得られる幸福度は大きく変わってきます。

考え方や哲学を会社全体で共有させる努力もしないで、安直に成果主義に飛びつくのが一番、タチが悪い。成果主義では利益を出した部門や個人は厚遇され、そうでないと冷遇される。一方では喜ぶ社員がいて、一方では不平不満を持つ人間がいる。全社が一丸とならなくてはならないのに、社内で調和が取れなくなってしまいます。

さらに、あるときは喜んでいる社員でも、3年後にはその部門が赤字転落して給料やボーナスが一気に減るかもしれない。それまでどんなに会社への忠誠心が高くても、すぐにぶつぶつと不平不満を言い出します。それで結局は、会社が「ぶつぶつ社員」の集合になる。成果主義の限界です。

私が成果主義を取り入れない理由は、会社はみんなを幸せにさせるべき場所だからです。いい業績を出した人や部門は、そうでないところを助けて引き上げる。そういう信頼関係と哲学があれば、何も成果主義を採用しなくたって、みんな気持ちよく働いてくれるんです。

――行き過ぎた成果主義によるモラールダウンが原因なのか、企業の不祥事や社員の犯罪行為も目立っており、内部統制の仕組みづくりが急務となっています。

稲盛　不祥事を防ごうと、企業を細かいルールでがんじがらめに縛ろうとするのは、日本だけでなく世界中の趨勢です。でもそれ以前に、「人間として何が正しくて何が正しくないのか」をリーダーが示し、その価値観を社内で共有しなければ、どんな規制や制度も機能しません。

数年前から、社外取締役や委員会制度など、会社を外部から監視しようとする制度も日本企業に取り入れられてきました。しかし、社外役員を実質的に指名するのは、その会社の社長です。人事権を握っている社長に対し、経営についてどれだけ口出しできるというのか。

せいぜい年に何回か来てもらって何百万円もの報酬を払っているだけのことです。社長に物申すなんてことはなくて、逆に社長のお追従となっているでしょう。私はアメリカの会社も多く見てきましたが、機能しないのは前から分かっていたことです。

――海外から次々に取り入れられる新しい経営の制度や手法と、稲盛さんが実践してこられた「アメーバ経営」とで最も大きな違いはどこにあるのでしょう。

稲盛 経営者の考え方や理念が通っているかどうか、という点です。アメーバ経営の目的の1つは、社内の全員に経営への参画意識を持ってもらい、経営的な視点を持った人を1人でも多く育てることにあります。アメーバという小さな組織に分割して部下を持たせ、独立採算で経営の責任を担ってもらうことで、経営者と考え方を共有してもらうのです。

しかし単に組織を分けて独立採算にするだけでは、利害衝突を引き起こすだけです。営業は製造が作った製品をなるべく安く仕入れて利益を出そうとするし、製造はなるべく高く営業に売ろうとする。それでは結局、会社全体がぎくしゃくしてしまうし、その利害を調整するだけで骨が折れます。

――実際に多くの企業で起こっている現象ですね。

稲盛 だから、そこには哲学が必要なんです。経営者の考え方をみんなが理解してくれなかったら、一致団結するどころか、足の引っ張り合いを始めてしまう。経営者が哲学を会社の中で従業員に諄々と説きながら、従業員に同調してもらわなくては、アメーバ経営は機能しません。

例えば、うちの場合ですと当初、お客から受け取る売り上げの10％を、営業のマージンとして分配するように決定しました。これは私が決めました。このルール1つ取っても、みんなが納得してくれなくては意味がない。あちこちで「何でうちのほうがマージンが低いんだ」と言い出したら、独立採算にするのはかえって逆効果です。それこそ「ぶつぶつ社員」の温床になる。

ルールを合議制で決めようとしても、結局は声が大きくてちょっと威張った人間が決めてしまう。言いくるめられた側の社員はそんなのはばからしくて、そんな上司と一緒にやれるかと一気に士気が下がります。経営者の哲学を理解してもらい、その哲学に従って誰もが納得するルールをつくる。この裁定こそが、経営者の最大の仕事です。ルールを決めると社内のある部門が「今回は我々が譲ります」となるようにしておかなくてはならない。

市場の変動を言い訳にするな

――とはいっても、経営者の哲学だけで事業分野や取引先も違う多くの組織のベクトルをそろえるのは容易ではないはずです。

稲盛 アメーバ経営では、全社のあらゆる部門が末端の市場の動向と直接つながっています。取引先への納入価格が1割下がれば、情報は製造部門にもすぐに伝わる。製造部門は、昨日まで作っていた製品の製造コストを1割下げようとすぐに動き出します。そうしないと、営業が引き取ってくれなくなるからです。部品の仕入れ先から設計までコスト構造を全部洗い直して、何とか1割安くする方法を考えます。製造部門の一人ひとりが、常に市場のほうを向いているのです。

――市場の動きこそが全社の行動原理になると。

稲盛 逆に言えば、日本を代表するような大企業の何千人もが働いている製造部門であっても、自分たちがどのような構造で利益を出しているのか、実は正確に把握していないのです。それが経営学、会計学の常識となってしまっているから、誰もそれを不思議には思わない。しかしそれが、無責任体質を生むのです。

当たり前の話ですが、製造部門では、材料や設備、人件費などの経費と売り上げとの差が利益となります。いわゆる標準原価方式で、管理部などがざっと原価を積み上げて計算して予算を決め、「この原価で作れ」という指示が来る。製造部門はその原価を達成するために一生懸命頑張って何とかクリアし、それを営業が引き取ってお客に売るわけです。しかし現実には、そのときには当初の予測よりも売価が下がっているということが、頻繁に起こるのです。

取引先に原価より安く売れば、赤字が出ます。ではこの赤字は誰の責任なのか。営業が悪いのでもなければ、製造が悪いのでもない。ただ「市場が変動した」という理由で、誰も責任を取らないのです。誰も責任を負わないから、誰も手を打とうとしない。

——周りがそんな状態だから、市場の動きに直結させるアメーバ経営を実践すれば、全く違う時間軸で戦えるようになると。

稲盛 そのことを「盛和塾」の皆さんが証明してくれています。そこには現在、私の思想に共鳴してくれる経営者が4200〜4300人います。皆さんの会社の売上高を合計すると約22兆円で、経常利益は約1兆円にもなります。従業員の数も、パートさんを合わせると100万人近くいます。その皆さんが、立派な経営哲学を持ち、高収益を実現しています。

滋賀県のスーパーの平和堂さんがいい例です。ここの夏原（平和）社長は2代目で、盛和塾の設立時から参加してくれている。自分の考え方を共有しようと、社員やパートさんと一生懸命対話しています。今、平和堂さんは売上高が4000億円に近いのですが、利益率は3％を超えている。イトーヨーカ堂やイオンなどの大手でも、スーパー部門の利益率はせいぜい1％台でしょう。業界全体がその程度の利益率を前提にして経営しているから、いつまでたっても利益率が高くならない。

でも、平和堂さんは実際に経営理念を現場に浸透させることで、大手よりも高い収益力を誇っています。経営トップ以下、お客さんに支持されるよう必死に努力してきたことが、数字となって出てくるんです。

門外不出のアメーバ経営公開

――稲盛さんは最近出された本で、これまで外部に公開してこなかったアメーバ経営の細かなノウハウを初めて明かされました。ライバルに塩を送ることにはなりませんか。

稲盛　確かに、今まではアメーバ経営の詳細については門外不出にしてきました。社内には「公表されたら困る」という幹部の声があったのも事実ですが、私が「そんなケチなこと言うな」と、決断しました。

というのも、市場の動きに直結して、柔軟に環境変化に対応するアメーバ経営の神髄を少しでも多くの日本企業が学んでくれたら、これは日本経済にとって大きなプラスになるはずだからです。こんなことは、世界中を見たって実践できている企業はどこにもない。ほとんどがその逆で、組織を複雑に分断したことで、かえって社内での利害対立や衝突が起きている。結局は、企業の競争力を弱めているのが現実です。

中国はこれからも経済的に非常に強くなっていくでしょう。同じ製品を同じように作って売っているだけでは、日本の優位性はどんどん薄らいでいく。その流れは誰にも止めることはできない。

大きな変革期では、小手先の経営手法や目新しい制度に飛びつくだけでは、真の企業経営とは言えません。誰もが当たり前と思っている会計や組織のあり方をもう一度見直し、経営の質を根本から変えられる経営者が求められているのです。

（日経ビジネス2006年10月2日号）

自分の分身が
どうしても欲しかった。
アメーバ経営は人を育てる

――稲盛さんは、中小企業はこれからアメーバ経営を実践するといいと思われますか。

稲盛 中小企業の経営者は、経営を頑張っておられます。中には、部下に任せっぱなしで遊んでおられる方もいるかもしれませんが、大体の人は一生懸命頑張っています。

ですが、本当に自分で経営を一生懸命にやっていこうと思えば、経営者というのは、これほどしんどいものはない。全責任がかかる。自分で懸命に経営していらっしゃる人であればあるほど、責任を感じる。考えれば考えるほど責任の重圧に耐え切れないくらいでしょう。

そのくらい重圧を感じて、責任を負っている真面目な経営者の方々は等しく、自分と同じくらいに責任を感じて手伝ってくれて、自分の経営を分担してくれる部下が欲しいと思わずにはいられないはずです。

私の場合はまさにそうでした。

技術開発や技術の改良、製造もやり、営業に行ってセラミックスの性能や技術の説明をしたりと、本当に何でもかんでも自分でやっておりました。

正直、孫悟空の話ではありませんが、自分の毛を何本か抜いて、ふっとやると、自分の分身が現れる。冗談ではなく、そのくらい自分と同じ気持ちになって、責任を分担してやってくれる人が欲しいと思いました。

ですから私は、自分の社内のビジネスを細分化して、それに責任を持ってもらう人を責任者に立てていこうと考えました。

小さな単位にしますと、入ってくるお金も少額なら使うお金も少額です。勘定がしやすい。ちょっと手ほどきすれば、売り上げを上げるのに使った費用がいくら、残りが収益と考えることができます。責任者に経営をうまくやってくださいよと指導して、任せていく。すると、経営者マインドが芽生えてきます。

一般に中小企業がうまくいかないのは、経営者には経営者マインドがある、最初からリーダーとしての意識がある。ところが、従業員は別のことを思っている。給料をこれだけもらえると募集があったから来たのであって、勤務時間内で済まして、給料をたくさんくれればいいと考えがちです。会社は利益が出ているのかいないのか、どっちでもあまり関心がない。雇われ人根性というのでしょうか。

利害が反する人をうまくまとめて、どう収益を上げていくか。それが経営者の力量です。とはいえ、経営について全く反対の考えを持っている人を、こちら側に向けるのは大変です。

ところが細分化して、経営を見てもらう、経営のトレーニングをしてもらうと、その人の意識はオーナー経営者に近づく。オーナーとして、リーダーとして取り仕切っていくと、ゲームみたいな面白みがあります。すると、いつのまにか経営者マインド、オーナーマインドが育ってくる。

サラリーマンのときはちょっと無駄があってもそのままだったのが、「もったいない」と気づく。例えば、廊下に無駄な電気がついている。社長がいくら「廊下の電気は切りましょう」と言っても、従業員は付いてきません。オーナーと同じ気持ちになっていないからです。

経営者である自分と同じような気持ちになってくれる人が1人でも2人でも増えれば、会社はうまくいくのではないでしょうか。

中小企業を苦労して経営していらっしゃる人であればあるほど、自分と同じ気持ちになって、経営の一端を担ってくれる人を育てたいと思われるであろうし、できればアメーバ経営を導入したいという人もいるだろうと思います。

――アメーバ経営が最も重要なのは、人を育てる仕組みだという点ですね。

稲盛　そう、その通りです。

――では、中小・ベンチャー企業が「よし、アメーバ経営をやってみよう」と考えたとき、稲盛さんがその企業の社長だとしたら、まず、何をしますか。

稲盛　アメーバ経営を導入するとしますと、すべての計数、会計的な数字が、非常に透明でクリアで正確でなければいけません。企業経営の数字の面、もちろん経営哲学の面も含めて、非常に高い透明性が要求されます。まず、社長である自分自身が透明にしても問題がないという人でなければなりません。

非常にフェアで、正直で、きれいな生き様をしている人でなければ、アメーバ経営は導入できません。クリアにしてしまうと、自分の恥部が見えてしまうというのでは難しいですね。

当社がまだ中小企業で株式上場前でしたか。税務署が調査に来た。税務署の職員は手慣れたもので、一番に社長室に乗り込んできて、秘書に「手を付けないでくれ」と言います。それから机の引き出しを全部開けて「社長の出張は誰が処理したのか。それを全部出しなさい」と。

「おたくの社長は出張するとき仮払いすると思うが、どのくらい後で精算しますか」

「うちの社長は仮払いを1回もしたことがありません」

「それでは、過去数カ月間の出張の書類を出してくれ」するると、会社の規定通りの支払いになっている。「こんなはずがないでしょう。なんかおかしい」ということで、とことん調べられましたが、一切やましいことがないことが分かって、それっきり税務署は社長室には入っていません（笑）。

それくらい非常にクリーンでないと、アメーバ経営は導入できません。みんなに、「クリーンにやってくれ、不正があってはならん」と言っておいて、社長だけあいまいにしておくわけにはいきません。

アメーバ経営では数字を正確に、非常に正直に扱います。部下にそれをやらせようとするなら、上もきれいな経理をしないといけません。

――公私混同はない、会計もそこそこ分かるとしたら、次は何をやるといいでしょう。

稲盛　組織を機能別にきれいに分けることです。

営業、製造、原料部門といった機能別に分け、そこをさらに細分化していく。そこに、任に堪え得るリーダーを任命し、教育していく。

小さな部門といえどもリーダーには、人格が伴っていないといけません。感情的で、機嫌に左右されやすいタイプでは困ります。リーダーとして、人間として、どういう人格で、どういう哲学を持っているのか。

フィロソフィ（哲学）が重要です。社長は、そのフィロソフィをリーダーに教育するのです。組織を細分化して、アメーバ経営を展開していこうとすれば、社長はまず最初に会計を勉強して、次は「俺はこの会社をこういう経営理念で経営していく」と宣言しなくてはいけない。

経営理念というと難しいことを考えがちですけれど、そうではないんですよ。極端に言いますと、「正直であれ。うそを言ってはならない」、あとは「誠心誠意努力をする」とか「自分の欲に負けない」とか。

自分の欲に負けないというのは、自分を良く見せたいとか格好をつけたいというものを含めて、名誉欲や物欲を排除するということ。非常にプリミティブ（基礎的）なものでいいのです。

仏教では五戒といいます。五つの戒を守れというもので、殺してはならない、盗んではならない、うそを言ってはいけません、お酒を飲んではいけない、よこしまなセックスをしてはいけない——というものです。

殺してはいかん、盗んではいかん、だましてはいかんと前の三つはしてはいけない。

でも、酒はほどほどにすればいいんだ（笑）、セックスのほうも全部ダメだとは言わん（笑）。人を苦しめるようなセックスをしちゃいかん、特に野郎は、というんですね。

結局、人間として酒と女を除いた三つ、殺すということはしませんから、あとの「うそをつく」をしてはいけない。経営の不祥事は、全部これですから。まあ、もうちょっと悪いやつは盗んだりしますが。

たったそれだけ、絶対に俺はしないよ、ということをベースにしたフィロソフィを書き上げる。そんな膨大なものじゃありません。我が社はこういう考え方、こういう哲学で経営していきますと宣言するのです。

アメーバ経営の小さな組織を運用するリーダーを、こうしてつくった哲学をベースに社長が教育する。ものを動かし、数字を動かし、人を動かしていく人は、動かしていくときの判断の基準が必要です。それがフィロソフィなんです。

――経営理念やフィロソフィをしっかりつくり、それを貫くことが何より大切なのですね。

稲盛　そうです。中小企業の場合、実際に経営をやっておられるんですけれど、経営の軸になる哲学をお持ちでない人が大半です。

例えば、お父さんが中小企業を興し、自分はよその会社に勤めていて、お父さんの体が弱ったので帰ってきて、従業員20人の中小企業を継がせてもらう。最初は常務とか専務とかで、お父さんと一緒にやっている。番頭さんもおるんだけれど、息子が帰ってきたということで一目置いてくれる。それで会社はなんとかなっている。

ところが、常務とか専務とかの肩書をもらって、高い給料をもらって、何をしているのか。会社というものが何も分かっていない。

なのに、青年会議所に行って、いっぱしの経営者みたいにしてみんなと侃侃諤諤とやる。それが面白くて会社の仕事より外の仕事にうつつを抜かす。そのうち少し有名になってくると、地方の商工会議所のメンバーになったり。

それで、人に勧められて盛和塾に来てみると、鳩が豆鉄砲くらったみたいにぼーっとしている。

「あんた、何のために経営してるの?」と私が聞くわけですよ。

すると、「オヤジが跡を継げと言ったから」「もともと嫌いだったんです、オヤジの職業が」……。

そういう人たちですから、「あんた、経営者としてどんな自覚を持ってるんだ」と聞いても、答えられない。

「あなたのところ何人いますか」と聞くと、「30人います」と。

「あんた、それは大変なことよ。あなたのところの会社に30人もいて、その1人に家族が3、4人いたら、それは百何人を養うことと同じ。あんたが一生懸命経営しなかったら、ボーナスが出ませんとか、リストラするとなったら、従業員がかわいそうじゃないですか」と。

あなたは、ただオヤジの跡を継いだのではなく、従業員を抱えている、雇用を守っていくという社会的な責任があるんですよと。それをあなたは、遊びほうけて、外の仕事にうつつを抜かしている。そんな暇があるなら、社業にもっと精を出して、従業員のために働きなさい。会社が立派であることは地域社会のためにも、日本経済や日本社会のためにも大事なことで、それをもっと自覚しないと。

甘っちょろい考え方の人には、フィロソフィをつくりなさいという話をしてあげる。そうすると心を入れ替えて、それを勉強する。

そうなると自分も変わってくる。従業員に、「これから私はこういう考えで経営していく」と話すようになる。

すると、「うちの専務は変わってきた」「あの専務なら付いていこう」とみんなが思うようになって、求心力が高まって、まとまってくる。会社がうまくいき出す、オヤジの時代からがらっと変わってきたと言われ、喜びにつながる。その後、もっと会社を立派にしていこうとしたら、自分の分身をつくる。そのために、アメーバ経営を使おうとなるのだと思います。

（日経トップリーダー2007年7月号）

2000年代／自分の分身がどうしても欲しかった。アメーバ経営は人を育てる

経営者の本質は
社会のために身を捧げること
エゴに走った経営者が
会社をつぶし晩節を汚す

会社を興したときから、経営に自信を持っているという人はいないと思います。最初は無我夢中だったでしょう。お父さん、おじいさんが創業した会社を継いだ場合でも、必死に頑張ってきたはずです。

創業時の経営者は謙虚さを持ち、努力家でもあると思うのです。従業員の雇用を守っていかなければならないのだという大きな使命と責任感を持って、自分自身が先頭を走り、自分の時間もなく自己犠牲を払いながら、会社を一生懸命に盛り立ててきた。その結果、会社は立派になり、利益が上がります。

京セラも、創業（1959年）から10年くらいたったころには、十数億円の利益を上げられるようになりました。このとき、私の年俸は300万円でした。今から30年、35年も昔の話ですけれども、私はそこでふと思ってしまったのです。

「すべては私が持っていた技術だ。そして私は寝るのも惜しんで一生懸命に頑張り、十数億円の利益を会社にもたらしている。考えてみれば、どう見ても割が合わない。月給を1000万円もらっても、年間1億2000万円だ。十数億円の利益は全部私がつくったものだから、そのくらいもらってもバチは当たらんのではなかろうか」

そんな不遜な思いが頭を巡ったわけです。従業員のために、株主のために必死に働いていたのに、余裕が出てくると人間が変わっていく。我々人間が持っているエゴが増大していくためです。

またその後、京セラが上場することになりました。大阪証券取引所の2部に上場してはどうか、その際には当社に主幹事を務めさせてくれ、当社を主幹事にすればこういう条件をつけるからと、いろんな証券会社から声がかかりました。

「稲盛さんは創業者であり、大株主です。その株式を市場に売り出して上場する方法と、新株を発行し、それを市場に売り出して上場する方法があります。また、その両方を一緒にやるという方法もあります。稲盛さんは創業から必死に頑張り、ご苦労をされて立派な会社に育て上げた創業者です。上場は、その稲盛さんが創業者としての利益を得られるよい機会です。上場のとき、あなたが持っていらっしゃる株式の何%かを市場に放出し、併せて新株を発行して上場されるべきですよ」

私に何億円というお金が入ってきますと、すべての証券会社が言いました。いつ会社がつぶれるかもしれないと思い、不安で不安で必死になって頑張ってきた私に考えてみたこともないお金が入る。年俸数百万円しかもらっていない私に、何億円というお金が入ってくるという誘いです。人間、そちらのほうに気が向かないはずがありません。けれど、どうもそれはおかしい、これは悪魔のささやきではなかろうかと思いました。

「持っている株を放出して、私がお金持ちになるのは、今までの私の考えに合わない。だから新株を発行して、額面よりも高く売れたものは会社に資本金として入るようにしたい。会社の資本を充実させる新株発行だけで上場したいと思うのだが、どうだろうか」

そう尋ねたのですが、ほとんどの証券会社の方は、「いや、創業者であり大株主なんですから、あなたが持っていらっしゃる株式を市場に出すのが普通です」と反対しました。

ただ、ある証券会社の常務さんだけは違いました。

「素晴らしい話です。そういう人はめったにいませんが、それが正しいと思いますよ」

そう言ってくれた証券会社を主幹事として、京セラを上場しました。私の持ち株は1株も市場に出しませんでした。この決断が、私が人生を間違うことなく歩いてくることができたもとになっているような気がします。

私は聖人君子であったわけではありません。先ほども言いましたように、会社の利益に比べれば自分の給料は安い、もっともらってもよいのではないか、と思うような普通の人間であったわけですから。

なぜ私がそういうことをしたのかというと、ある新聞の「読書日記」というコラムで読んだことが頭にあったからだと思います。それは、亡くなった女優の岸田今日子さんが寄稿したものでした。

イスラム文化の研究者で、哲学者、思想家でもあった井筒俊彦さんの本を、心理学者で文化庁長官も務めた河合隼雄さんが読んで、そのことを本に書いた。それを岸田今日子さんが読み、感想を「読書日記」に寄稿したものでした。

井筒さんは哲学者として、ヨガの瞑想をしていらっしゃったそうです。その井筒さんがおっしゃるのには、瞑想をすると、自分が「ただ存在している」としかいいようのないもので成り立っていることを感じる。同時に、周囲にある森羅万象すべてのものが、自分と同じように「存在としかいいようのないもの」でできあがっていることを感じられる意識状態になるという。

「人は一般に〝花がここに存在する〟と表現するけれども、〝存在というものが花をしている〟と表現してもおかしくないのではないか」。井筒さんは本にそう書いているそうです。

この井筒さんの本を河合さんが読み、自身の著書の中で「あんた、花してはりまんの？　わて、河合してまんね」と表現した。これを岸田さんが読まれて、何と素晴らしいことかと感じたという話が「読書日記」というコラムに書いてありました。

井筒さんの言葉を借りれば、ここにいる我々全員、すべて同じ「存在」というものが姿かたちを変えていることになります。私の目の前にあるマイクをはじめ、森羅万象あらゆるものすべて、「存在」というものが演じているということになります。

では、同じ存在でありながら、なぜ才能も違い、顔かたちも違い、あらゆるものが違うのでしょうか。

それはこの自然界が、いや、この自然界を造った創造主が、地球上に住んでいくためには多様性がなければならないと考えたからだと思います。多様性がなければ社会を構成していくことはできません。そのために、顔かたちも違い、性格も違い、才能も違う人をこの世に送ったのだと思います。

私は一生懸命に頑張って会社を立派にし、十数億円の利益が出せるようになってきたとき、これはオレがやったんだ、オレの才能で、オレの技術で、オレが寝食を忘れて頑張ってきたからじゃないか、そのオレの給料が300万円しかないとは、割が合わんではないか。「オレがオレが」と思っていた。

当時、アメリカでシリコントランジスタが始まり、それがシリコンを使ったＩＣに変化し、今でいう超LSI、半導体が勃興を始めました。

私はシリコントランジスタの入れ物を作り、また超LSIの発展とともにセラミックのパッケージを供給していました。半導体の勃興期、私は大変な貢献をしたと思っています。そして、そういう才能をオレが持っていたから京セラが上場し、大変な利益を上げるようになったのだと考えていました。

しかし、岸田さんのコラムを読んだときから、こう思うようになりました。

「半導体が勃興していくにはある人間が必要だったのだろう。たまたまそれが『稲盛和夫』であっただけで、ほかの存在が『稲盛和夫』と同じ才能を持っていれば、それが代行していてもよかったはずだ。ならば逆に、私が一介のサラリーマンであってもおかしくはない」

つまり、我々が生きている人類社会は、壮大なドラマだと思うのです。劇場です。その劇場で、たまたま私は京セラという会社をつくる役割と、京セラという会社の社長を演ずることになった。ただし、それは「稲盛和夫」である必要はなく、そういう役割を演じられる人がいればよい。たまたま、私であっただけなのです。

今日は主役を演じているけれども、明日の劇では別の人が主役を演じてもよい。にもかかわらず、「オレがオレが」と言っている。そのことが、自分のエゴが増大していくもとになるように思うのです。

自分の才能、能力を私物化してはならない。自分の才能は、世のため人のため、社会のために使えといって、たまたま天が私という存在に与えたのです。

その才能を自分のために使ったのではバチが当たります。たまたまそういう才能を与え、たまたま京セラという会社を経営させただけなのに、エゴを増大させていっては身の破滅だと思った私は、それから自分のエゴと戦う人生を歩いてきました。

お釈迦さまは、人間とはスタボン（stubborn、頑迷）なもので、ちょっとでも手入れを怠ると欲にまみれてしまうと知っていらっしゃいますから、「足るを知りなさい」とおっしゃっています。「オレがオレが」「もっともっと」という際限もない欲望をふくらませていくのではいけないのです。

素晴らしい才能を持ち、努力家でもあり、立派な会社をつくり上げ、立派な業績を上げ続けてきた。にもかかわらず、挫折をしていく人がたくさんいます。大体、創業経営者というのは勝ち気です、アグレッシブです。同時に、欲も人一倍強い。

そういう人がエゴに目覚めてしまえば、そのエゴが際限もなく自分をそそのかしていきます。「もっともっと」というふうになっていきます。それが、せっかくつくり上げた立派な会社をダメにしていくもとではないかと思うのです。

私たちは自分の心の中に、良心という自分と、エゴという自分を同居させていることを認識する必要があります。言葉を換えれば、ピュアな真我と、卑しい自我が同居しているのが我々人間の心なのです。

良心とエゴ、真我と自我が毎日のようにせめぎ合っているのが私たちの心です。せめぎ合いの中でエゴに心を支配された人が晩節を汚し、企業をつぶし、自分の人生をダメにしていった人たちなのです。

従業員のためにも、従業員の家族のためにも、また株主のためにも、お客さんのためにも、モノを納めてくれる仕入先のためにも、あるいは地域社会のためにも、国のためにも、立派な経営をしていくということは大変重要なのです。だからこそ、一介の個人のエゴに負けては困るのです。

皆さんは自分の中に存在するエゴを横に置き、今までと同じような自己犠牲を払い、会社を守っていかなければならないのです。つまり、自分の犠牲で会社を守っていくという精神構造を持っている人でなければ、会社というものは維持できないのだと思います。

そういう偉そうなことを言っている私でも、エゴと良心のせめぎ合いの中で生きているだけに、ちょっと油断しただけでもエゴが心の中に充満してしまうのです。たちまちにええかげんなことをしてしまうのです。

エゴの最たるものは物欲です、名誉欲です、色欲です。あらゆるものに対して「自分がよかれ」となっていきます。ですから、私はストイックなことを、禁欲的なことを皆さんに要求しているわけです。

※2007年5月に、東京証券取引所がマザーズ上場の経営者を集めて開いた稲盛氏の講演をまとめたものです

（日経トップリーダー2007年12月号）

不況に耐え、次の一手を

稲盛和夫氏［京セラ創業者］

×

馬雲（ジャック・マー）氏［アリババ創業者］

100年に1度と言われる未曽有の金融危機と、世界同時不況への不安。先の見えない混迷の時代に、トップはいかに行動し、社員を導くべきか。日本を代表する哲人経営者、稲盛和夫・京セラ名誉会長と、中国最大のインターネット企業グループを率いる馬雲・アリババ会長兼CEO（最高経営責任者）が、来るべき不況への心構えから人間中心の経営まで、神髄を語り合った。（※肩書は掲載当時）

稲盛　現在の金融危機は人間に対して、自然が、あるいは神が、猛烈な反省を求めているのだと思います。「もっと豊かになりたい」「もっと便利な世の中にしたい」という人間の欲望が科学技術の発展を促し、近代の文明社会を築き上げました。

しかし、そんなに欲張ってばかりではどうなるか。「満つれば欠ける」というのが、やはり自然の道理です。欲望が膨れ上がって満つれば、欠けるのは当然。それを見せつけたのが今回の危機だと思います。

今こそ人間は「足るを知る」という謙虚さを学ばなければなりません。企業経営者は、常に謙虚な姿勢をもって経営に当たるべきです。現在の社会現象は、そういうことを教えてくれているのだと思います。

馬　稲盛さんのお考えに同感です。私は昨年から、世の中はまたもや健忘症に陥ったのではないかと感じていました。私たちは1997~98年にアジア経済危機を経験し、2001~02年にはインターネットバブルの崩壊に巻き込まれました。ところが昨年の今頃になると、こうした経験はすっかり忘れ去られたかのようでした。

私の周囲でも、多くの人が「儲かって仕方がない」とか「株に投資してどれだけ儲けた」などという話ばかりしていた。こんな状態が正常であるはずがありません。私は強い危機感を覚え、昨年末から社員に対して「厳しい冬がやってくる」「冬への備えを始めよう」と呼びかけました。

稲盛　馬さんは全社員に宛てて「冬の使命」と題した電子メールを送ったそうですね。私もそれを読ませてもらいました。社員たちに「不況が来るぞ」と警鐘を鳴らすだけでなく、不況に備える心構え、対応の仕方を説いておられたのは立派だと思います。

馬　人間の本質には善と悪の両面があります。人間の魂はいつも純粋なもの、善良なものを求めますが、やはり悪の面も出てくる。稲盛さんが言われたように、悪い欲望が人々を狂わせたのだと思います。

世界は今、100年に1度と言われる未曽有の金融危機に直面しています。しかし経営者は、こうした危機に立たされたときこそ、冷静でいられることが重要だと思います。本当に優れた企業とは、危機をチャンスに変えられる企業だと考えているからです。

私は今年44歳ですが、その私が100年に1度しか巡ってこない金融危機を経験できる。これは災難ではなく、むしろ経営者としての実力を試す得難いチャンスをもらったのだと楽観的に考えています。これから数年間努力して、厳しい冬を生き抜けば、アリババはさらに大きく飛躍することができると信じています。

肝心なのは平時の「備え」

稲盛　優れた経営者はみんな、不況を次の成長のチャンスと考えます。不況を1つの糧にして、困難を乗り越えるために全社員が一丸となって努力する。京セラを創業してもうすぐ50年になりますが、私もそうやって会社を経営してきました。

先ほど「謙虚な経営」と言いましたが、肝心なのは「備え」です。会社に現金の蓄えがどれだけあるか。どんな不況にも耐えることができ、新しい手を打てるかどうかが重要なのです。

しかし、資本主義の牙城である米ウォールストリートの人々は、私の経営スタイルがあまり好きじゃないんですね。現預金をいっぱい持っていますから（笑）。

現預金をたくさん抱え込んでいる会社は、株主に対してよくない。もっと有効に金を使うべきだと。

こういったＲＯＥ（自己資本利益率）、つまり自己資本に対していくらの利益が出たかを尺度にする考え方では、（現預金を減らして）自己資本を少なくすれば株主の利回りが大きくなります。

しかし、それではスリムになり過ぎて、今回のような危機には耐えられない。次の発展への備えもできないと思います。不況をチャンスに変えるためには、平時から備えを怠らない堅実な経営を心がけるべきなのです。

馬　実は私も、投資家とのコミュニケーションは得意な方ではありません。アリババでは創業以来、「お客様が第1、社員が第2、株主が第3」と位置づけ、そういう価値観で経営してきました。

我々経営者は、お客様や株主が注目している以外のもの、あるいは見えないものを見なければならないと思います。将来、自分たちにどんな災いや火の粉が降りかかってくる可能性があるのか、常日頃から考えておくということです。

そして、景気の良いときにきちんと貯蓄し、景気の悪いときに投資を行う。このような経営を実践するには、やはり現金の蓄えが潤沢でないとできません。

中国には「屋根は晴れた日に作る」ということわざがあります。屋根は晴れた日にきちんと作っておくべきで、災難という雨が降りかかってきてからでは遅いのです。

アリババには、中小企業を中心に2000万を超える法人ユーザーがいます。自分たちの会社だけでなく、お客様である中小企業にもしっかり生き残ってもらわなければなりません。その手助けをすることが、今、私の仕事の中で最も重要な部分であり、経営者として喜びを感じるところです。

稲盛氏と馬氏の年齢は親子ほども違う。育ってきた時代や文化、ビジネスの領域も大きく異なる。しかし両氏には、それらを超越した共通点が少なくない。挫折を重ねた青年期、ゼロからの創業、株主の利益より顧客や社員を優先する人間中心の経営、自らを厳しく律する謙虚さ——。人まねではなく、自分の経験と思考を昇華させた独自の経営哲学が、両氏の心を引きつけ通い合わせた。

稲盛　私は電子部品などの製品を作り、それを売るという、いわゆる実物経済の世界に身を置いてきました。また24年前、日本の情報通信産業を変革しようと立ち上げた第二電電（現ＫＤＤＩ）は、長距離通信と携帯電話の両分野で成功しました。

しかし、インターネットのビジネスは、発展するだろうとは思っていましたが、私には知識もなく縁がありませんでした。馬さんがインターネットを活用した電子商取引の会社を中国で立ち上げ、世界最大級に育てたのは素晴らしい先見の明だと思います。

これまでＩＴ関連のビジネスで成功した若い経営者の多くは、まるで天を突くような勢いで自分の成功を誇っておられた。そんな報道を見聞きしていただけに、今回、馬さんがそういった人々とは違うことが分かって、とてもうれしく思います。

馬　私はこういう仕事をしていながら、インターネットに関する技術的なことは実はほとんど知りません。いまだに門外漢なのです。もともとは英語の教師でした。１９９５年に偶然インターネットを知る機会があり、この世界に足を踏み入れました。

自分が成功したなどとは全く思っていません。むしろ成功という言葉を恐れているくらいです。アリババは創業から9年しかたっておらず、京セラに比べればひよっこです。問題や課題はいくらでもあり、成功したなどと言うのはおこがましい。

それに、インターネットそのものの歴史がまだ浅いのです。単にその技術を発展させることだけに突き進むような経営は誤りだと思います。インターネットは人々や社会のために存在するものであり、お客様や社会全体のために価値を創造しなければなりません。

理想に共鳴した18人の仲間

稲盛　企業というのは、社会にとって必要な存在でなければ発展しないし、存続もしない。独善的な経営ではなく、社会に喜んでもらえるような企業経営を目指すべきです。アリババは世間で大変な成功例だと言われているのに、馬さんが謙虚さを失っていないのは立派です。

馬　会社を立ち上げる際は、技術もなく、資金も乏しく、私自身も経営の経験が全くありませんでした。いわば目の不自由な人が馬に乗って、普通ならば落ちてしまうところを、自分は幸いなことに落馬しないで済んだ。そんなふうに考えています。

稲盛　それは謙遜して言っておられるのでしょう。馬さんは技術屋を集めてアリババをつくり上げた中心人物のはずです。会社を最初に立ち上げたときのいきさつに大変興味があります。ちょっと話してもらえませんか。

馬　技術的なことは分からなくても、とにかくインターネットに対して好奇心がありました。私はインターネットはあくまで道具だと思っています。そこで、アプリケーションの開発など技術的なことはエンジニアに任せ、自分は完全にユーザーの立場でそれらを使ってみました。

エンジニアが何か新しいアプリケーションを開発したら、私が実際に試してみて、すぐにぱっと分かるような使い勝手の良いものは採用する。反対に難しくて分からなければ、即、ごみ箱行きです。私のような素人が使いこなせれば、中小企業のユーザーの8割は使えるだろうと考えました。

稲盛　そもそも、技術屋と一緒にアリババをつくろうというのは、最初はどんな形で始まったのですか。馬さんがお金を持っていて、それで会社をつくってエンジニアを集めたというのではなさそうですね。技術者たちはなぜ馬さんの下に集まったのですか。

馬　最初は米ドル換算で2000ドルを借金して、ビジネスを始めました。そして、成功の数よりもはるかに多い失敗を重ねました。95年に初めてインターネットの会社を立ち上げましたが、結局成功しませんでした。その後、北京へ行って対外貿易経済協力省との共同プロジェクトに携わりましたが、これもうまくいかなかった。

こうした経験の中から、インターネットを通じて中小企業のためにサービスを提供するというアイデアが生まれ、その理想をずっと持ち続けていました。それに賛同してくれた仲間が、私を含めて18人いました。彼らと一緒にアリババを立ち上げたのです。

稲盛　彼らはみんな、技術屋ですか。

馬　18人中、技術者は3人しかいませんでした。しかも、決して高いレベルではありませんでした。

今でも忘れられない日ですが、99年2月21日、この18人が私の決して広くないアパートに集まりました。そして私は、今後の中国においてインターネットのビジネスはどうなっていくのか、全世界でインターネットはどういう趨勢に向かうのかについて、とうとう2時間話しました。

18人は家族や友人から一切借金せず、自分のポケットマネーから出資して、全部で5万ドル集まりました。また、みんなで話し合って10カ月分の生活費だけは各自がきちんと用意することに決めました。10カ月間頑張って何一つ成功しなかったら、諦めてまたおのおの仕事を探そうと。

給料は月500元（約7500円）しか払えないと言いました。理想に賛同できないなら、無理にやる必要はない。しかし本当に賛同してくれるなら、一緒にやってほしいと。もちろん、彼らにはもっと給料の高い就職口がいくらでもありました。そんな18人が理想に共鳴したんです。

成功は自分のものではない

稲盛　馬さんがインターネットを使って拓く未来へのビジョン、そして使命感を持っておられて、そこに共鳴してくれる仲間を集めた。普通ならお金で人を集めるわけですが、わずか500元しか払えないのに、ビジョンと使命感で仲間を集めることができたのは素晴らしい。

今のお話を聞きながら、京セラの創業当時のことを思い出しました。京セラは、私がサラリーマンとしてファインセラミックスの研究をしていたとき、共に仕事をしていた7人の仲間とつくった会社です。

お金も設備も何もありませんでしたが、ファインセラミックスの研究開発に対する私の情熱、そしてファインセラミックスがこれからの社会にどういう影響を与えるかというビジョンや、使命というものを、本当に熱を込めて仲間たちに話しました。もちろん生活の保障もできない中で、その7人が理想に共鳴して私に付いてきてくれた。アリババとは時代が違いますが、似ているのではないでしょうか。

京セラが成功したのは、私に才能があったからではありません。仲間や人々の協力があったからです。とてもラッキーだったと思います。

馬 私も自分のことをラッキーだと思います。私は高校を2回受験し、大学も3回受験しました。就職活動でもなかなか採用してもらえなかった。能力、学歴、そして外見もですが、一般常識からすれば決して高い評価を受ける人間ではありませんでした。

稲盛 人間には才能のあるなしとか、頭の良さとかいう違いはありますが、本質はみんな同じです。仏教では「山川草木悉皆成仏」といって、森羅万象あらゆるものに仏は宿る。仏という本質はみんな同じで、それが姿形を変えて個々の人間になっているのだと。

私は仲間や人々の協力のおかげで、会社を成功させることができました。そういうラッキーなことに、自然になっていったのです。なぜだろうと考えると、それは私の力ではありません。あたかも人生という劇場の中で、京セラ創業者としての役を、1つの役として演じさせられていただけで、たまたまそうなった。この成功は私のものではないのです。

そのような思いが、今日まで私に謙虚さを失わせない支えになりました。創業からの半世紀近い間には、不況が来たり、円高になったり、バブルが崩壊したり、いろいろな困難がありました。それでも発展し続けることができたのは、自分が謙虚さを失わず、むしろ自ら謙虚さを求めてきたがゆえだと思います。

いったん成功した人が、その後没落してしまうのは、「オレが、オレが」と謙虚さを失うからです。馬さんには今の謙虚さをずっと持ち続けて、もっともっと素晴らしい経営をしていただきたいと思いますね。

どんなに美しい言葉も、そこに魂が宿っていなければ人の心に響かない。トップは常に会社の健康状態に気を配り、危機に際しては全身全霊で社員に語りかけ、不況を次の成長の糧に変えなければならない。そう稲盛氏と馬氏は訴える。米国経済に共に依存してきた日中両国にとって、不況は双方の企業人が理解と交流を深めるチャンスにもなり得る。

稲盛　言葉というのは、心で思ったことを大脳で整理して、そして音声で伝えることです。しかし、ただ単に心で思ったことを頭で考え、音声にするだけでは、人を説得したり勇気づけたりすることはできません。

日本の古い言葉で「言霊」というように、言葉に魂を込めなければならない。「自分はこうでなければならんと思う」ということを、信念を持って、言葉に魂を込めて話す。そうしなければ心に響かないし、人は動きません。私は若い頃からそう考えて行動してきました。

しゃらしゃらと軽い話をするリーダーは嫌いです。訥弁で構わないから、言葉に魂を込めて訴える。今のような厳しい経営環境のときこそ、自分が話すことに対して責任を持つ。命と魂を込めて訴えていくことがとても重要なのです。

馬　稲盛さんのおっしゃる通り、言葉の本質は表面的な美しさではなく、心の声にあると思います。

きれいな言葉でなくてもいいから、本質を語る。そうすることで、社員の心に響くのではないかと思います。

私は教師出身で、会社の成長を人間の成長と同じように捉えてきました。人間は年齢とともに体の状態や行動パターンが変わり、時には病に侵されることもあります。会社も同じだと思います。風邪を引いて治療が必要なときもあれば、軽い症状を放っておいたら、いつの間にか重い病気に悪化してしまうこともあり得る。経営者は会社の健康や心の状態を常に把握しておかなければなりません。

社員たちには、「自分はセメントである」と言っています。セメントのようにいろいろなものをくっつけて1つにする。人であれば団結させ、物であればそれを大きくしていく。経営者として、社員に対する理解やコミュニケーションの強化を常に意識しています。

昨年末の時点で、アリババの経営環境は非常に良好でした。株価も上がり、若い社員たちは「儲かる、儲かる」と浮足立っていた。だからこそ、私は社員への戒めの言葉が必要だと思いました。「自分は何か悪いことが起きる予感がする。だからしっかりと備えよう」と。

もちろん、1度言うだけでは耳に入らない人もたくさんいます。それでも2度、3度と言い続け、社員たちが現実を理解するにつれて、耳を傾けてくれるようになりました。

人間中心の経営を中国でも

稲盛　私はもう現役のトップを退きましたので、社員に直接語りかけることはしていません。しかし、過去の不況時にはこう言ってきました。

第1に、確かに大変な時期だけれど、悲観的になるのはやめよう。第2に、一致団結しよう。不況になると、社内にいろいろな不協和音が生じてきます。だから、景気が良いときではなく不況のときにこそ団結しようと。

第3に、みんなで創意工夫して少しでも経費を減らす努力をしよう。それが生き残るための絶対条件だと。第4に、全員が営業マンという気持ちで注文を取ろう。今までの得意先ばかりでなく、行ったことのないお客様のところへも扉をたたきに行く。不況のときこそ、こうした創意工夫を重ねることが次の発展のきっかけになります。

もし今も社長、会長をしていたら、やはり同じことを社員たちに語りかけていると思います。

私は日本の中小企業の経営者にしっかりした経営を目指していただくために、「盛和塾」という勉強会を開いています。全国から5000人の経営者が集まって勉強しており、中国でも江蘇省無錫市などで活動しています。

私は、今後の中国の発展は中小企業にかかっていると思います。これまではお金儲け一点張りで、さまざまな会社が勃興してきました。しかし、将来も企業として発展を続けていくためには、やはり、しっかりした経営哲学を持たなければならない。中国の中小企業が堅実な経営をできるように、私もお手伝いしたいと思うのですが。

馬　ぜひお願いします。中国の中小企業経営者にとって、人間を中心に据えた稲盛さんの経営哲学は大いに参考になります。

企業の成長には3つの段階があると思います。まず創業期、つまり生き残ることが第1段階。次に成長期、経営管理のレベルを高め、事業モデルをきちんと確立するのが第2段階。そして発展期、技術面でも資金面でも充実し、飛躍するのが第3段階です。

自分自身、アリババの成長段階に応じてさまざまな経営者をお手本にしてきました。99年の創業直後は、米ヤフー創業者のジェリー・ヤンCEOや米マイクロソフトのビル・ゲイツ会長など、米国のIT業界の先達から多くのことを学びました。経営が軌道に乗り始めた2001〜02年には、米ゼネラル・エレクトリック（GE）のジャック・ウェルチ前会長の経営観に強い影響を受けました。

そして今、経営者として最も関心を寄せているのは、人間そのものについてです。人間とは、企業とは、何のために存在しているのか、社会に対してどのように貢献すべきなのか。今日の対談を通じて、稲盛さんの経営哲学から多くのことを学び、人間の本質に対する探求心がさらに高まりました。

現在の金融危機は、中日の経営者が民間交流を深める1つのチャンスだと思います。中日の経済は、共に米国に大きく依存してきましたが、中日間の交流はこれまで不足していたと思います。共通の困難に直面する今だからこそ、両国の企業人が相互理解を深め、一緒に未来を切り開く良い機会ではないでしょうか。

（日経ビジネス2008年11月10日号）

2010年代

2010年2月、経営破綻した日本航空の再建請負人として、80歳手前の稲盛は老体にむちを打って官僚体質はびこる巨艦に乗り込んだ。「晩節を汚すからやめたほうがいい」と周囲が止める中、稲盛哲学を軸に見事に短期間で黒字転換。稲盛経営の正当性を万人に証明してみせたことで、国内のみならず、中国など海外の経営者たちの間でも、絶大な支持を集めるようになった。思想家・哲学者の域に達した稲盛が説く生き方に多くの人が共感する。

中小企業のおっさんが、弱音を吐いてどうします

――中小企業の経営環境は依然厳しく、多くの経営者が業績浮上の糸口をつかめないでいます。

稲盛　「経済環境が良くない」と思うことが、自分の会社を停滞させている元なんです。景気というのは良かったり悪かったりするのが普通であって、今が特別悪いわけではありません。

それに中小企業で言えば、いつどんなときも、決して良い環境というのはなかった。それでも経営者の皆さんは社員と一生懸命に努力し、それによって会社を安定化させてきたではないですか。

企業経営は、プロペラが付いた自転車のようなものです。常にこいでいないと、途端に引力で地面に落ちてしまう。まず、社長が頑張ってこぐ。でも1人では重たくてこげやしませんから、5人でも10人でも社員がおるなら、その人たちにも社長と同じ気持ちになってもらって、全員でこぐ。

そうやってこぎながら、どうすればもっとうまくこげるかと考えるのです。その知恵は誰かに教わるものではなく、仕事の中でありとあらゆる可能性を探る中で見つかるものです。社長だけじゃなく、社員も一緒になって考える。創意工夫を伴った必死さ、と言いますか。これがあれば、必ず空に向かって上がっていくんです。

ただ中小企業の問題は、社長がしゃかりきになって号令をかけても、なかなか社員がその気にならないことです。社長1人が空回りしている。社長が怒鳴り散らすと、ますます社員がそっぽを向いてしまう。力を合わせなくちゃならんときなのに、うまくいかない。

――稲盛さん自身にも、そうした経験はありますか。

稲盛　実は、私が会社をつくったのは「稲盛和夫の技術を世に問うため」でした。それまでのサラリーマン勤めでは、立派な技術開発をしても、社内では派閥があったりして認められないし、社外の人たちも中小零細企業の技術は、大企業優先で採用してくれない。

だから最初は、稲盛和夫の技術を世に問うことが会社経営の目的でした。ところが、中学卒業者を20人採用し、2年目に11人の高卒を採用し、数十人の規模になると、私にいろんな不満を言ってくるようになった。出来たばかりの会社で食堂も何にもない。そんな会社に将来があるのか、と。

それで初めて気づいた。私は稲盛和夫の技術を問うために会社をつくったけれど、何のことはない。この会社に入って良かった。将来の生活も安定する。そう従業員が思ってくれる会社にすることが一番大切じゃないか。稲盛和夫の技術を世に問うのは、従業員が喜んでくれた後に付いてくるのであって、それは目的じゃない。

こうして「全従業員の物心両面の幸福を追求する」という企業理念を掲げたのです。

――日本航空（ＪＡＬ）の再建に際しても、その理念を掲げました。

稲盛　私がやれることとは、経営哲学とアメーバ管理会計システムしかありません。ＪＡＬの幹部社員にも「どういう哲学で会社経営をしていくのか、それがなければいかんのだよ」と言って、私の経営哲学の開陳を始めたんです。

その冒頭で「全従業員の物心両面の幸福を追求する」という理念を掲げました。株主価値を最大化するのが経営の目的だと言われているが、京セラはニューヨークで上場しても、今日までその哲学を変えていません。

ＪＡＬもそうしたい。この哲学、思想でもって一致団結しようではないか、と。

180度違う価値観

関連会社も含め、JALに残った3万人以上の従業員は、こう気づいたはずです。「今度来た会長は、中に住む我々を幸せにするためという一点に昇華した経営をするのか」と。JALはエリート集団が経営を牛耳っていた会社でしたから、180度違う価値観に接し、最初は疑いを持っておったかもしれません。

でも次第に「JALは自分たちの会社だ」と思って、みんなが必死に頑張るようになった。今までどれほど無駄で、いいかげんな経営をしてきたか、トップから末端まで猛烈に反省もした。こうして誰かに命令されなくても、従業員が勝手に、一生懸命に努力するようになり、それが奇跡的な業績回復につながったのです。

――JALにはいくつもの労働組合があり、それぞれが既得権益にしがみ付くような硬直した組織でした。そう簡単に一枚岩になれるものではないと思うのですが。

稲盛 すぐにみんなが理解してくれたわけではありませんし、現在でも分かってない人がいるでしょう。ただですね、自分で言うのも何ですが、そういう経営理念を掲げながら朝から晩まで必死に頑張ってるのが、もう80歳間近のじいさんだ、と。しかも、給料ももらわんで。

稲盛和夫という老人にとって、ＪＡＬが良くなることは何のメリットもない。それが、夜遅くまで社員にこんこんと話をする。経営というのはこうあるべきだと、幹部連中を集めて講義もする。そういう姿が、多くの従業員の心を打ったのではないか。

じいさんが捨て身で新しい価値観を与えようとしているのですから、多くの従業員は変わらざるを得なかったというのが、本当のところだと思います。意識して自分自身で演出したわけではありませんが、結果としてそれは素晴らしい舞台装置になったのです。

必死にやれば、このじいさんでも何万人の気持ちを変えることができるんですから、中小企業のおっさんが、20人、30人の従業員を味方に付けられないはずがないではありませんか。

この私に今、何人かの従業員と一緒にラーメン屋をやらせれば、見事なラーメン屋をつくってみせますよ。ラーメン屋をやるにせよ、おうどん屋をやるにせよ、何にせよですね、創意工夫と努力をすれば簡単なことや。

それを工夫もしない、従業員のモチベーションも高められないとは、どういうことか。きつい言い方になりますけど、何やってんのあんたら、何にもやっとらんやないか、と。

中小企業というのは、常に必死に頑張らんと潰れるんですよ。それが宿命なんです。景気が悪い？　中小企業のおっさんが弱音を吐いてどうします。旋盤１つでも、もっと技術を磨いて必死に仕事を探せば、ぜひ作ってほしいという人はいくらでも出てくる。もっと勇気を持ってやろうやないか。先が見えないなら、見えんでいい。なぜ今、足元で一生懸命にこぐということをせんのだ。

経営のケの字も知らん

――自分としては一生懸命に努力しているつもりでも、うまく組織を動かせないと悩んでいる経営者は少なくありません。

稲盛　そういう人は「儲かった分は全部自分のものだ」と贅沢をしてきたのだと思います。そうじゃなく、今こそ、従業員の幸せのために会社を経営するのだと、考え方を変えるんです。

「今度からは少ないものも、従業員と分け合ってやっていこう」と宗旨を変える。「会社経営の内容も全部オープンにします。皆さんが喜んで働けるように改善します」と言って、従業員の力の向きを変えていくんです。

会社を継いだ若い経営者の中には、経営のケの字も知らんくせに経営者ぶっておるのも大勢います。「いい大学を出て、大きな会社で力を発揮していたのに、おやじのために帰ってきてやったんだ」という気持ちでは絶対うまくいかない。そういう人が盛和塾に入ってくると、コテンパンにやります。

私が盛和塾を始めたのも、経営とはそんなもんじゃないと教えたかったからです。大学の経済、経営学部を出ても、会計を学んでいない。どうすれば黒字や赤字になるのかを理解していない。もちろん経営者がどんな考え方、哲学を持たなくちゃいけないかなど、ちっとも分かっていない。

日本の雇用を守っているのも、経済を底辺で支えているのも、間違いなく中小企業なのに、そこの社長が、見よう見まねで経営をするなんておかしい。

――最近、多くの企業で起きているのは、従来の事業モデルが急速に競争力を失っていることです。もし今、稲盛さんが中小企業の社長だったら、その壁をどう打開しますか。

稲盛　誰しも得意なものがあるでしょう。まずは、それを武器にすることを考えるわけですが、もしそういうものがない場合でも、誰にも負けんというところまで頑張れば何とかなるものです。

仮に私がラーメン屋をやるなら、まず1年か2年、おいしいラーメン屋に頼んで丁稚として働かせてもらいます。朝早くから夜遅くまで皿洗いでも何でもしながら、そこのおっさんの仕事を必死に見て覚えます。

1カ月したら、次のラーメン屋に移って、また覚える。10軒ほどラーメン屋を回り、こういう味でこうやればいけるとつかめば、安い店舗を借りて一生懸命にラーメンを作ればいい。簡単や。

私はどんな業種の中小企業にも興味があります。私にやらせてくれたら、たちまち儲けてみせます。当然、海外に出るという選択もあるでしょう。海外に出ようかと考えるなら、中途半端やなしに、どっぷりと出たらいいと思う。やるとなったら徹底してやらんと。

――京セラも、会社設立から10年目に米国に拠点を設けました。

稲盛　我々が扱っていたのはポピュラーな製品ではなく、当時はまだ特殊な材料だったセラミックでしたから、売り先は大手電機メーカーなどに限られていました。しかも量はまとまらず、研究部門が使ってくれるかどうかです。

一生懸命に「こういう特性を持つ材料を開発しましたので、おたくのこんな研究に使えると思うんです」と拡販をしていきましたが、うちは中小零細企業だったものですから、日本の大企業は簡単に使ってくれません。

それで、アメリカならもっとフェアな評価をしてくれるだろうと考えて、売り込みに行ったんです。初めは売れませんでしたが、英語ができる幹部と二人三脚で必死に顧客開拓し、ちょうど半導体産業の勃興とも重なり、いろんな注文が入るようになりました。

こうして仕事が増えてきたので、サンディエゴにあった工場を買収、自前の生産拠点を持ったのです。5〜6人の技術者を選び、アメリカに行ってもらいました。私も2カ月に1度はアメリカのお客さんを回って、工場にも寄るのですが、最初は本当に大変でした。

戦争に負けてそう日にちがたっていないので、沖縄戦で戦ったアメリカ人の従業員もたくさんいたのです。戦争に負けた日本人が経営する会社で働いているというのが気に入らないのか、言い合いになると「このジャップ！」と吐き捨てる人もいました。

苦労をかけている社員たちの気持ちを何とか和ませようと、週末に「みんなで釣りに行こう」と誘い、サンディエゴの港から沖へ出たら、カマスがよく釣れましてね。それを持ち帰ってみんなでお刺身を作り、昔話やらをしながら楽しく食べた思い出があります。

でも、私は1週間くらいで日本に帰らんといかんわけです。サンディエゴの空港にその連中が見送りにきてくれるわけですが、中には日本が恋しくなって泣いている社員もおってね。おまえ頑張らんかい、と励まして……。

私も社員も苦心惨憺しながら、それはもう、すさまじい努力をしてきたのです。海外事業を成功させるコツなんてありません。海外に出なきゃならんというなら、覚悟を決め、出て行けばいい。そして必死に頑張るだけです。

海外に行ってみる前から、あれやこれやと難しい理由を挙げても仕方ない。安易に「難しい」というベールをかけてしまうのではなく、とにかく行ってみる。目の前は絶壁だ、もう突破できないと勝手に妄想しても、実は絶壁なんかじゃなくて、障子紙が張ってあるだけかもしれません。

私は若い頃、部下の技術者たちによく言いました。「突破できると、なんで思わんのや。唾をつけてみい。障子紙なら穴が開くやろ。それもせんで、あかんと思うな。もし本当に岩だとしても、どうよじ登ろうかと考えればいいんや」。まずは、試みないと。

現場は衰えていない

――大手電機メーカーが軒並み赤字に転落し、日本のものづくりの将来を悲観する人が増えています。稲盛さんは、日本の製造業の今後をどのように考えていますか。

稲盛　日本でものづくりが駄目になったように見えるのは、リーダーがおかしくなったからでしょう。その証拠に韓国のサムスンやLGは、日本企業を定年になった技術者をたくさん採用しています。ものづくりの現場というのは、全く質が落ちていません。

ただ、それをマネジメントするリーダーが苦労していないエリート集団です。アメリカのビジネススクールを出ても理論やテクニックばかりで、ものづくりを分かっていない。そういう人を優秀だと称し、マネジメントを任せる。

ものづくりは本来、泥臭いものなんです。現場で汗水たらし、立派なものを作ってきた連中の意見も聞かず、ないがしろにしていては、経営なんてできません。

――ただ「iPhone」などを生み出したアップルは、自社工場を持っていません。アップルの飛躍は、どのように考えればいいのでしょうか。

稲盛　確かにアップルはものづくりを自社ではしていませんが、こういう回路を組んで、こんな性能を出そうということを一生懸命に考えています。それに、組み立ては中国でやっていても、そこには日本メーカーの部品がたくさん使われています。日本にはそれだけの技術力があるのですよ。しかし、アップルのようにアレンジをする人間がいなかった。

だから、日本のものづくりというのは全く衰えていなくて、中小企業のような、歯を食いしばってやっていくぞというガッツがある経営者が大企業にも出てくればいいのです。経営者の意識改革だけの問題です。

（思想家の）中村天風は「新しき計画の成就は只不屈不撓の一心にあり。さらばひたむきに、只想え、気高く、強く、一筋に」と言いました。新しい計画を成就しようと思うなら、不屈不撓の一心で、矢が降ろうと何が降ろうとめげない。そして一点の曇りもない思いを抱く。そうでなければ、新しい計画などできやせんのだ、と。

これは真理なんです。私は若い頃にその言葉に触れて、社内で標語にしました。JALの再建でもこれを掲げたのです。再建をしたいと思うのであれば必死にやる、何としてもやるぞ、と。

そういうものが大企業の経営者にはない。不景気だとか、うちにはこういう技術がな

いからとか、何を言うとるんや。ないのが当たり前やないか。今の日本の低迷ぶりは、
まさにリーダーの強い意志の欠落なんです。

（日経トップリーダー2012年9月号）

説き、訓じて心を1つに

――稲盛さんは今年早くに日本航空（ＪＡＬ）の取締役を辞任するとおっしゃっています。改めてＪＡＬの再建を振り返り、何が重要だったと思いますか。

稲盛　私は、航空運輸事業に対して全く無知で門外漢でした。ＪＡＬの会長に着任した当時は、再建できる自信のかけらもありませんでした。私が持っているのは、自分の経営哲学「京セラフィロソフィ」と、小集団による管理会計システム「アメーバシステム」だけです。何も分からないまま、この2つだけを携えて、ＪＡＬに来ました。

――まるで異なる業種の会社に着任してみて、最初はどんな印象だったのでしょう。

稲盛　ＪＡＬはいわゆるピラミッド型の官僚組織のような企業でした。一握りのエリートがすべてを企画し、約5万人の社員に指示を出していた。幹部からは人間味を感じられず、非常に冷たいエリート官僚のような感じがしました。

これで会社経営がうまくいくはずがない。まずは幹部40～50人に考え方を変えてもらわないとならん。そう思って、経営者である以前に人間としてどうあるべきかという人生哲学を説き始めたんです。

ＪＡＬの幹部は皆さん、50歳を過ぎています。彼らを相手に、中小企業を興した80歳のおっさんが話をすると、最初はみんな変な顔をしていました。顔を見たら、小ばかにしているのか納得しているのかは分かります。不真面目な人間は厳しく叱りましたよ。「親父に当たるような年の人間が、親が子に説くようなことを言う。そのくらい知っとるわと思っとるやろう。でも知っていても、それを身につけていないどころか、日常の行動に何も反映されていない。君の人間性が考え方に影響を及ぼし、人間性そのものが日常の経営に出てこなければ意味がないんだよ」、と。それはもうとことん話しました。

――少しは効き目がありましたか。

稲盛　私があまりに厳しく言うものですから、少しずつ分かり始めてくれました。猛反省して、ほかの従業員にも伝えようと思うように変わってきた。そこで、現場の社員まで一気に考え方を広げていきました。

私が就任した当時、ＪＡＬは約２８０機の航空機を所有し、１日に世界中で１０００便以上を飛ばしていました。羽田空港や成田空港には大型整備工場がある。航空ビジネスは一大装置産業だと思っていたんですね。

けれど装置産業であると同時に、究極のサービス産業だとも私は思いました。お客様がＪＡＬを愛し、ＪＡＬを選んで乗ろうと思わなかったら、再建できるはずがない。そのためにはヒューマンなファクターが非常に大事であると。

現場で働く人たちが素晴らしい人間性を持つようになって初めて、お客様はＪＡＬに乗ろうと思うようになる。そこで私自身がさまざまな現場に出向いて、現場の従業員にこんこんと説きました。

80歳を前にした老人が、無給で現場に来て、人間としてどうあるべきかを説く。「上に言われたからではなく、現場それぞれが自分で工夫し、無駄を省いてほしい」とも伝えました。するとそれぞれの現場が考え方を変え、持ち場で一生懸命、創意工夫を重ねるようになった。みんなが目覚めてきて、雰囲気ががらりと変わりました。

――つまり、従業員の心理面にアプローチすることが重要だった。

稲盛　約3万2000人全員の心が変わったからこそ、ＪＡＬは再建できたと思っています。「私も老骨にむち打って頑張るから、皆さんも付いてきてください。皆さんが会社を良くするという気持ちにならなければ、会社は再建できません」。こう説き、それに応えてくれたから、奇跡的な復活を遂げられた。リーダーの役割は、現場の人の心を変えることだと思っています。

――結果が業績にも表れた。

稲盛 2011年3月、再建に着手して初めて迎える決算では、営業利益1800億円という驚異的な結果が出ました。すると今度は、全社員が自信を持ち始めた。自分の努力が結果となって出たわけですから、楽しくなって、ますます拍車がかかるようになる。

そこで結果を分かりやすくするよう、組織を小集団に分けて責任者を置き、各部門が自主的に経営する「部門別採算性」を導入しました。

中央集権化が衰退を招いた

――現場から組織を変えていく。これはほかの産業でも通用しそうです。

稲盛 日本では今、電機業界が非常にミゼラブルな状態に陥っています。この要因はJ

ＡＬと同じように、すべてが中央集権化したことにあると思っています。

私は若い頃、松下グループの下請けをしていました。その頃、経営者として何度か（松下）幸之助さんからお話を伺ったことがあります。

当時、幸之助さんは事業部制を始めていたんですね。恐らく日本で初めて企業を事業部ごとに分け、それぞれが自主独立で事業を進めるようにした。私は、この仕組みによって松下グループは発展したと思っています。

ところが、あるときから事業部制を廃止して中央集権的な体制を敷くようになった。松下パナソニックとして松下通信工業や松下電工を合併し、三洋電機も買収した。関連会社を傘下に入れ、中央集権的な支配をするようになった。この流れはソニーなど、ほかの電機メーカーも同じでしょう。

それまでは事業部制の下で、テレビ事業部やラジオ事業部、通信機や洗濯機などが並列して、各部門に権限があった。各事業部がそれぞれ次の戦略を練って、技術開発から製造、営業まで担ってきたわけです。

ただ当然、事業部が多すぎるとグループとしての統一は取りづらくなる。機能が重複すると無駄も出る。それで中央集権に変えたのでしょう。ですが、それが各事業部の力をそいでしまった。中央集権にしたことで、各事業部の力が弱っていったのです。

私はＪＡＬの中で、約３万２０００人の力を引き出せば、どれだけ偉大なことができるかを証明しました。日本の大企業も同じように、現場の力を信じて権限を委譲し、全員の心を奮い立たせるべきだと思います。それにはやはり、中央集権的なあり方は合いません。角を矯めて牛を殺すことになりますから。

日本の大企業は非常に活力を失っています。特に電機業界では、サムスングループにやられ、アップルにもやられてしまった。ですが日本には、今でも素晴らしい技術があり、ロイヤルティーの高い社員がいる。それを使い切れていないのは、完全にマネジメントの責任です。

——なぜ、こうなったのでしょう。

稲盛　イージーな経営がすべてをダメにしたと思っています。景気のいいときは派遣社員を使い、悪くなったら辞めさせる。いつからか、こういうイージーな経営をするようになってしまった。欧米流の人材派遣を日本も導入してきましたが、その結果、忠誠心の高い従業員の心がすさんでしまった。正社員で残った人も、自主性を認めてもらえず腐っていった。そして結局、全体がダメになった。

繰り返しますが、日本にはまだまだいい技術者もいますし、素晴らしい人間性を持つロイヤルティーの高い社員もいます。社員を大事にし、それぞれが力を発揮できるシステムに変えるべきなんです。

社員の幸せを経営目標に

――具体的に何をすべきですか。

稲盛　京セラの場合、私は会社経営の目的を「全従業員の物心両面の幸福を追求する」と掲げています。それをJALにも持ってきて、経営理念の冒頭でうたっています。

ＪＡＬ再建の過程で、この経営理念を見た企業再生支援機構（現・地域経済活性化支援機構）の管財人の方々は、「従業員だけが幸せであればいいという矮小化した哲学はいかがなものか」とおっしゃいました。企業は社会の公器であるべきだ、と。

ですが、それでいいんです。社員が幸せでなければ、社会の公器としての役目を果たせるわけがない。どんな目標も、社員が幸せでなければ達成できません。全社員が、自分の属する企業を自分たちの会社だと思い、頑張ることが重要なんです。全社員の力を借りようと思うなら、会社の経営目的を従業員の幸せに置くことです。

まずは、全員の心を結集させる。マネジメントのトップが力を貸してくれと現場まできっちり伝えて、自主独立の組織に再分割してやらせていく。それだけで、1年もすれば企業は蘇るでしょう。JALは、1年もたたずに蘇ったわけですから。


――確かに机上の数字合わせに気を取られ、従業員のモチベーションに焦点を当てたマネジメントをしなくなっているのかもしれません。


稲盛　いわゆる理屈によるマネジメントは、欧米流のやり方です。これが精神的な支えなく経営できるのは、根底に成果主義があるからです。

経営者はトップダウンで、従業員に「これだけの成果を出せばこれだけの報酬をあげよう」と伝えるだけでいい。金銭的なインセンティブ、つまり物理的なモチベーションがありますから、やれと言われればやる。

ですが日本は、それほど思い切ったこともできていない。成果主義を導入して、うまくいかずにやめた会社もたくさんあります。成果主義のように物で釣ることなくマネジメントするには、心理学的な手法しかあり得ない。

――極端な成果主義を導入していない日本企業の場合、リーダーは、従業員に向け説法を続ける必要があると。

稲盛　その通りです。リーダーとは哲学者であると同時に、従業員の教師でなくてはダメだと思っています。

京セラは小さい部品を作って売上高約1兆3000億円、JALは飛行機を飛ばして約1兆2000億円。内容こそ違いますが、両方とも細かな部分まで分かろうと思っても、分かるわけがありません。下から積み上げて、任せるべきものは任せる。経営者は何を見るかさえしっかりしていればいいんです。

――しかし厳しい局面にある企業の場合、経営者は事業縮小や撤退、人員削減などの決断を下さなくてはなりません。現場がすさむ中でやる気を出させるのは非常に難しいと思います。

稲盛　JALの場合、会社更生法が適用されましたから、人員削減や給与カットをしなければ再建もできなくなるような状況でした。そのために、（人員削減を）何としても認めてくれと言い、残った3万2000人の雇用だけは何としても守るよう頑張ると話をしました。

ただ倒産していない企業の場合、現場の理解を得るのはさらに難しいでしょう。「会社を本当に立て直すためには、犠牲を払ってもらわなければならん。みんなを必死に守る」と真正面から言わなければならない。

経営者は、「これだけのことは辛抱してくれ。冷たいかもしれないけれども、やらなければ会社が再生できない。ただこれ以上のことはやりません」とはっきり伝えるべきです。トップが現場の従業員全員に対して、熱涙下るような訓示を出さないといかん。

――JALでも、熱涙下るような訓示をされましたか。

稲盛　JALでは熱涙下るような話はしていません。けれど、80歳を前にした老人が、無給で陣頭指揮を執る。もうそれだけで説得力はあるわけです。

――同時に、早い時期に結果を出すことも再建には重要だと思います。

稲盛 結果はずるずるとは出てきません。何事も良くなるときは、すっと結果が出る。一気呵成で良くなるのは、病気も同じですからね。じりじり良くなるのは、慢性病です。

――人口減や国内市場の縮小などの外的要因で、売上高が伸ばせないという経営者の悩みをよく耳にします。

稲盛 私は戦後の日本経済しか分かりません。けれど戦後から今に至るまでにも、円高や石油ショックなど、いろいろな谷がありました。ただどの企業も、その谷をくぐり抜けてきている。稼げないときは費用を減らすことを考え、木枯らしを耐える努力をしている。売り上げが増えないからといって、何を嘆くのかと感じます。

――考え方が甘いと。

稲盛 売り上げが増えないなら、耐えなくてはしょうがないでしょう。耐えながら、一方で新製品や新規事業を考える。寝言を言うなと言いたいですね。

売り上げが増えないことなんていくらでもあります。経済は変動するんだから。ただ、バブル崩壊後の日本では、（起業家ではなく）サラリーマンがトップに立っている。だから根性のある人がいないのでしょう。

経営とは、引いてよし押してよしです。売り上げが増えるときには押すし、悪いときには引いていく。どの局面でも、リーダーには燃えるような闘魂が必要です。強い意志と闘魂がない人は、リーダーになっちゃいかん。

元は大変怖がりで慎重でも、いざとなったら、火の中水の中であろうと勇気を奮い起こす。ここぞというところでは命を懸けて一歩も引かない。この闘魂が経営者にはいるんです。

ですが、日本の経営者にはそういう人がいらっしゃらない気がします。

――リーダーがおらず、後継者選びに苦慮されている経営者も多いです。

稲盛　それは本当に難しい。後継者をどう選ぶかは永遠の課題ですから。特に世襲制ではない大企業の場合は非常に難しい。日本の大企業がシュリンクしているのも、やはり後継者の選び方がまずかったからだと思うんです。

――ＪＡＬの場合はどうでしょう。

稲盛 私は今年なるべく早めに、ＪＡＬの取締役を辞めます。大西（賢）会長や植木（義晴）社長、専務陣を選び、彼らに託しました。今まで3年間、私が会議で言ったことや直接話したことを自分のものにして、しっかり経営してくれと言うしかないですね。心配してもしょうがありませんから。

――辞任後、稲盛さんは何をされるのでしょうか。

稲盛 年間スケジュールが決まっている盛和塾の活動は続けていきますし、稲盛財団もやっていきます。ただ、ここまでばかみたいに働いてきましたから。たまに焼酎でも、1杯飲ませてください（笑）。

（日経ビジネス2013年1月14日号）

逆境に手を合わせなさい

――前回（本書188ページ）のインタビューで読者に向けた「中小企業のおっさんが、弱音を吐いてどうします」という稲盛さんの言葉に、勇気づけられた経営者は多かったはずです。

稲盛 実はですね、私も若い頃はしんどい目に遭っていましたから弱音を吐いたことがあります。

人知れず1人になったとき、「こんなにしんどいなら社長を辞めよう」と思うことはしょっちゅうでした。ですが、そう思った瞬間から「それじゃいかん」と、その弱音をばねにして自分を強く奮い立たせました。

創業して会社を発展させるというのは、大変なことです。厳しい仕事、責任の重い仕事をやっておればですね、よほどの哲人ではない限り、弱音を吐くのです。

しかし弱音を吐くのは、部下など人の前であってはならない。夜に1人になったときです。家族の前でも吐いてはいけません。

経営者は周囲に与える影響が非常に大きい。経営者自身が不安で、自信が揺れ動いていることを周囲の人が垣間見るのは、動揺や波紋を巻き起こしていくので、いいことではありません。

やはりリーダーというのは、心の中に積極的な思いが必要です。積極的という意味は明るくて、前向きで、強気な、というものです。優しい、美しいといったものも積極的なことです。

明るくて美しい心。みんなを思いやる優しさ。そういうものを心に強く持ち、その人が何かをなさんと信念を持って努力をすれば、物事は必ず成就します。

――稲盛さんが弱音を吐いたことがあるとは意外でした。

稲盛 私は盛和塾の塾生に「もう駄目だと思ったときが、仕事の始まり」とよく励ましていますが、私自身は「もう駄目だ」と思ったことは実は一度もないんです。「社長を辞めたいな」と思ったのは、「もう駄目だ」と思ったからじゃなく、ストレスを解消するためについ口から出る言葉です。慰めであり、励ましです。「もう駄目だ」というところまでいかないんですね。そこまでいく前に、あらゆる手立てを使って一生懸命に努力をしましたから。

普通の人には「もう駄目だと思ったときが、仕事の始まり」と励ますけれど、本当はそこまでいっちゃ駄目なんです。その前に手を打っておかないといけません。

消極的な考え方、例えば不安に襲われたり、不平不満が心の中に渦を巻いておったりして、「もう駄目かもしれないな」とネガティブな思いを心に描いてしまえば、その通りに物事がうまくいかなくなります。これは私だけではなく、いろんな哲学者や思想家、みんなが言っている真理です。

弱音を吐くのも、ネガティブな思いの1つです。弱音を吐くなといっても弱音が出てくるのはしょうがないし、1人のときに会社を辞めたいなと思うのはしょうがない。でもそれを言ったそばから、「いや、それではあかん」と奮い立たせないといけません。

——弱音を吐いていたのは、いつ頃のことですか。

稲盛 27歳で会社を始めた私は、30代、40代でも弱音を吐いていました。でも、50代になってからは、どうしたことですかね。弱音を吐かなくなったのです。

私は50代で第二電電を興し、稲盛財団をつくり、盛和塾を始めました。壮大なことを3つ、京セラの社長を兼務しながらやったのです。

3つとも、社会的な世のため人のためで、欲のためではない。大義が50代の私を突き動かしたのです。50代になってからというのは大変燃えていましたね。

人間というのは、心の中に描いたものが動機になって行動を起こします。考えていないことは誰も実行しない。この動機になるものは、まず欲です。欲は、人間の本能の中でも一番強いものです。

ただ欲の代わりにもう1つ、人間の心を動かし、リスクを冒してでも行動に出ようという別の動機があるのです。それは、心が大義を感じたときです。

——大義に突き動かされていると弱音を吐かなくなるのですね。経営者の考え方、心のありようは大事です。

稲盛　私は若い頃から、人生について会社経営について、哲学的な思考をずっと続けてきました。私が家で読む本は、専門書は別にしますと哲学宗教の類いがメインです。ベッドの横に積んであるのもそうした本で、寝る前に広げて読んでいます。

人生はどうなっているのだろう。人間というのは、どういう生き方をしなきゃいけないのか。そういう哲学的なことをずっと考えています。これは、さかのぼれば小学生の頃からです。

鹿児島に住んでいた小学6年生のとき、私は結核にかかりました。まだ戦争中のことです。それも大変な悲劇がありましてね。

家の裏のほうに離れがあって、そこに父の弟である、おじ夫婦が住んでおり、赤ん坊も1人おったのです。そのおじが結核で寝込んでしまいました。

私の父はお兄さんなもんですから、献身的に弟を看病していましたが、かわいそうなことに、おじは亡くなってしまった。そして後を追うように、その奥さんも発病して亡くなったのです。

しばらくすると、父の一番下の弟も結核になり、1945年の終戦の年に鹿児島であった大空襲の直前に亡くなります。そのおじが寝込んでいたちょうどその頃に、私も結核を発病してしまった。

「稲盛さんのところは結核の家系だ」というようなことを近所の人に言われました。身近にいたおじ夫婦が結核で死んでいき、一番下のおじもやはり青びょうたんになって寝込んでいる。当然、次は私も、と思っていました。

そんなある日、隣に住んでいた若奥さんが私の枕元に来ました。生垣越しにいつも顔を出して、縁側に面した8畳間に布団を敷いて寝ている私を気遣いながら、「今日は気分どうかしら」とよく声をかけてくれていた人です。

「おばちゃんはこういう本を読んでるんだけれども、よかったら読まない？」

私のことを心配し、若奥さんが枕元に持ってきてくれたのは、（宗教法人の）「生長の家」の創始者谷口雅春さんの本でした。私はそれを読み、そのとき初めて宗教的なものに触れたのです。どうもそのことがきっかけで、宗教哲学に興味を持ち出したようです。

それからというもの、いろいろな本を読んで哲学的なものを学び、一方では現実の中で次から次へと逆境に遭遇しながら、そこから逃げるのではなしに、克服する過程で強い意志力や哲学というものを身につけていったのです。

――逆境というのは、例えばどのようなことですか。

稲盛　大学生活や就職のときです。もともとは薬学の道に進もうと思い、大阪大学医学部薬学科を受験したのですが、すべってしまいましてね。浪人なんてできませんから2次試験のあった鹿児島大学を受け、その工学部に入りました。

戦後になってもうちは貧乏でしたから、無理をして大学に通わせてもらいました。奨学金の一部を母親に渡して食費の足しにしてもらいながら、勉強に励んだのです。第1志望の大学に行けなかったことが大変なばねになり、一生懸命に勉強しました。

お金もなかったし、遊びも何もありません。時間だけがあった。勉強ばかりしていましたから、成績は優秀でした。自分が結核にかかったこともあり、化学の力で薬を開発する会社に就職をしたい。ずっとそう願い、担当の先生もみんな「稲盛君だったら一流の会社に行ける」と太鼓判を押して、推薦までしてもらえた。

しかし、ちょうど朝鮮動乱の後で大変な不景気のときでしたから、大企業は縁故でもなければ採らないというような状況で、就職も思い通りにならなかったわけです。

もしあのとき、いい会社に入っていたら、その後は全く違った人生を送っていただろうと思います。哲学的なことにも、それ以上には傾かなかったでしょう。おそらく立身出世を望んで、研究にしろ技術開発にしろ、大企業のエリート集団の中で一生懸命にやっていたはずです。

ところが私のケースでは、過酷な環境を生きざるを得なかった。そして幸いにも、そういう環境を乗り越えていくために自分自身を鍛えることになり、それが立派な哲学を身につける糧になったのだと思っています。

――逆境がその後の稲盛さんを形成したのですね。

稲盛　私は80歳を超えました。20歳年下の60歳くらいの世代になれば、青年時代はもっと社会が安定し、経済も良くなっています。そうした時代では、頭が良くて優秀であればいい大学に入れ、卒業後はいい会社に入れたでしょう。

ただそうすると苦難に遭遇していませんから、哲学宗教の勉強といっても『論語』をかじった程度だろうと思うのです。実際、『論語』について話すことはできても、全然身になっていない人が多い。哲学的なものを身につける人生を送っていないからです。素晴らしい人生観、価値観を持って「こういう生き方をすべきだよ」と部下に説ける人は皆無じゃないかと思う。

それが私にできるのは、少年時代も青年時代も社会に出てからも、成長の過程における逆境というものがあり、哲学的なことを模索して、自分なりに人生観や価値観を構築してきたからです。そういう哲学的なもので従業員に働きかける経営をしてきたわけです。

当時は「何でこんなにいっぱい苦労をしないといけないのか」と恨み節を口にしたこともありましたけれども、今改めて考えてみますと、手を合わせて拝みたくなるくらい素晴らしい逆境を与えてくれたと思いますね。

——逆境に直面している経営者には、とても励まされる言葉です。

稲盛　人間というのは、苦労に直面すればそこから逃げるんじゃなしに、真正面からそれを受け止めて、成長の糧にしなくちゃいけない。苦難は受け止め方によってマイナスにもなるし、プラスにもなると思うのです。

大変厳しい状況の中にあるのなら、それを真正面から受け止めて、自分の成長を促していく大きな栄養剤だと思って、誰にも負けないほど必死に努力をすべきだと思います。日本の経営者、特に大企業の経営者はこうした哲学的なものが欠落していることが、日本企業の停滞をもたらしている要因だと私は思っています。

（日経トップリーダー2013年8月号）

岩をも通す信念を持て

――中国で稲盛哲学が急速に広まっています。

稲盛　中国は1978年、鄧小平氏が改革開放政策を打ち出し、市場経済の方向に舵を切りました。「富める者から先に富めばよい」という考え方は、中国人の意識を一変させます。

それまで貧しい時代だったので、人々は「豊かになりたい」という欲望を強い原動力にして走り出した。そのエネルギーにはすさまじいものがあり、その力によって中国は成長を続けてきたわけです。

自分の力次第で巨万の富を得られる時代になって、会社を興して成功した人の中には、貧しかったときには考えられなかったような豪勢な生活をし始め、傲慢になる人も出てきました。

しかし、確かに物質的には恵まれたけれど、何かうつろなものを感じていたのだと思います。中国では宗教を否定したこともあって心のよりどころがなく、「果たしてこれでいいのだろうか」という疑問が湧いてきたのです。

「つまり、物質的な幸福は得たが、精神的な幸福には大変飢えている。自分の心は空虚で、それを埋めるものが欲しい。そう思っているときに、私の哲学を知って鮮烈な印象を受けたのでしょう。

経営者には自分自身の心を高める、立派にするという道徳観が絶対に必要です。ベーシックな道徳観から始まり、人間としてどんな考え方をしなければならないのか、リーダーとしてどうあるべきなのかを私は説いています。

そうした私の話を聞いたり書物で読んだりして、彼らは心の安定をないがしろにしてきたことに気づいた。私の書いた『生き方』という本が中国でベストセラーになっているのは、その一例ですね。

心の安定は利己ではなく、他人を慈しみ、愛するという「利他の心」によって初めて得られる。そんなことを『生き方』で書きました。日本では一般の人たちからの反響が大きかったように思いますが、中国の場合には、経営者がこの本に傾倒したのです。

これまで極端に利己的な方向にダーッと走ってきた反動が今、強烈に出ているのでしょう。


——稲盛さんの哲学は、中国の人にも理解しやすいようですね。

稲盛　『論語』を筆頭に、中国では古来、たくさんの聖人がいろんなことを説いてきました。ただ中国の人が言うには、それは高いところ、遠いところから言われているみたいで、自分の人生にどのように活用すればいいのか、考えが及ばないのだそうです。

一方、私の哲学はというと、私自身が会社経営をする中でつくり上げてきたものです。中国の人からは「稲盛さんは日常会話で哲学の神髄を説いている。だから非常に分かりやすいし、共鳴できるんです」と言われます。

もっとも私自身、27歳で独立した頃は、経営とはどうすればいいのか全然分かっていなかった。書店を回っても、そういうことが具体的に、簡潔に書いてある本がなくて大変苦労しました。

自分自身の経験を通じて、どうにか経営のあるべき姿を体得したのです。それを中堅・中小企業の経営者の皆さんにも教えたいと思って、1983年に「盛和塾」を立ち上げました。

「経営とはどうあるべきか」という基本的なことを知らない中堅・中小企業の経営者は本当に多い。世襲で父親から会社を継ぎ、漠然と、惰性で経営している。そのくせ青年会議所などの社外の団体にはたくさん所属し、いっぱしの経営者気取りでいます。

そんな考えでは会社は発展させられません。そうした状況を私は打開したかった。同じことに中国でも取り組んでいるわけです。

――中国の経営者が稲盛さんの哲学を吸収するスピードには驚かされます。

稲盛　やはり中国の経営者は、アグレッシブで、ガッツがありますね。

日本は戦後、高度成長を遂げて、一時世界第2位の経済大国にまでなって、バブル経済を経験しました。バブルがはじけてから確かに景気は20年低迷しましたが、生活水準は豊かな状態のまま横ばいで来ている感じです。

つまり今の日本の経営者は、景気は低迷しているけれども、物価は安く、平穏な時代を過ごしてきたわけです。その結果、人間的には非常にマイルドで、おとなしくて常識的で、良く言えば理性的で紳士的というリーダーが大半を占めているように思います。

しかし、その一方で、「何かをなさん」というようなガッツが足りない、非常に少なくなってしまった。それが日本が低迷している要因の1つだと私は思います。

中国では、それまで豊かでなかった分、必死に働き出した。ガッツがあったわけです。しかも今のリーダー層の多くが学生の頃、文化大革命に伴う下放（都市に住む国民を地方に送り出す政策）によって地方の農村に追いやられて、ひどい苦難を経験した。若い頃に辛酸をなめた人たちのガッツはすさまじいものがあります。

私は彼らの話を聞きながら、ちょうど太平洋戦争に負けて外地から引き揚げてきた人などが、何くそと思って戦後に頑張った日本とまさに似ていると感じました。

——平和な時代が続いている日本では、中国の経営者のようなガッツを期待するのは難しいでしょうか。

稲盛　中国のような社会的環境が最近の日本にはなく、平穏だったのは非常に幸せなことです。しかし、日本の経営者が今しなければならないのは、幸せな社会環境に感謝しつつも、それに安住することなく、自分の心を変えて奮起することだと私は思います。自分の心、思いが変われば、人生も変わることに早く目覚めてほしいですね。

経営者になったら、もう個人ではないんです。一緒に働いてくれる従業員が1人でもいるなら、会社経営というのはあなた個人のことではなくなるのです。立派な経営をして、従業員が安心して働ける状態にしていかなければいかんわけですよ。そうした使命感が経営者には必要なのです。

使命感というのは、自分を駆動していく上で非常に大きな役割を果たします。だから使命感を持てば、経営者は変わっていけると思うんですね。しかし、多くの経営者は使命感、責任感というものに対する自覚が非常に薄いですから、なかなか経営がうまくいかないのではないでしょうか。

さらに、この使命感を信念まで高めることが大切です。「俺は何としても会社を発展させて、従業員を安心させるのだ」という、岩をも通すような強い信念を持つ。使命感でとどめず、思いを強くして、信念まで高めていくのです。

私はJALの再建に着手したとき、社員の前で最初に掲げたのが、思想家の中村天風さんの「新しき計画の成就は只不屈不撓の一心にあり。さらばひたむきに、只想え、気高く、強く、一筋に」という言葉でした。この言葉はまさに、岩をも通すような信念の重要性を端的に示した表現だと思います。

経営者には使命があることをよく自覚し、会社を立派にするためには強烈な信念が欠かせないのだという考え方に、日本の経営者が変わっていかなければいかん。経営者が持つ心のあり方が問われる時代なんだと思いますね。

しかし平和な今の日本の状況で、とりわけインテリ層の間では、思いとか、心のあり方というものは軽く考えがちです。「思いなんて、みんな持っていますよ」と流してしまう。そんな程度の思いじゃない。強烈な思いこそが、すべての物事のもとなんです。

——経営理念を掲げている会社はたくさんありますが、思いという精神的なものの力を強く信じている経営者は少ないかもしれません。

稲盛　ある哲学者が、「あなたの周囲で今起きている現象は、過去から今日までのあなたの思いによる結果なのです」という趣旨のことを言っています。これは自分の人生も会社経営も、その人が持っている思いの結果だということです。

科学技術の進歩にせよ、経営にせよ、すべて思いから始まっているわけです。科学技術の場合、研究者の「こういうものをやりたい」という好奇心や探究心が、発明、発見につながってきました。現代の文明社会は、人類の思いの集積されたものですよ。

どんな偉大な発明や発見も、どんな偉大な企業経営も、すべてはそれを担当した人の思いの結実なのです。事ほどさように思いというものは大事であるにもかかわらず、現代の経営者は誰も、思いをさほど大切には考えていない。

邪心にまみれた個人的な欲望ではなくて、世のため、人のためというような大義に基づいて純粋に自分を奮い立たせていく思いを持っていれば、個々人の人生も、会社経営も、社会も全部変わっていく。それを誰もきちんと言わないんですよね。

——稲盛さんがＪＡＬの再建に踏み切ったときも、強い思いを持っていたのでしょうね。

稲盛　ＪＡＬは当初、２次破綻は必至と言われていました。そうした中、何の自信もない、何の経験もない私に依頼が来て、断っても断り切れなかったものですから、再建を引き受けたのです。

しかし引き受けた以上、一点の曇りもなく「何としても再建してやろう」という、その一念でした。結果的に再建は成功しましたが、いまだに「本当にようやったな」と自分でも不思議に思います。

具体的に手段や手法を駆使したならまだ分かるけれども、私はアメーバ経営以外には何も持ち合わせていなかった。だから、幹部や従業員を集めて全員の心を変えていこうとだけ考えて、意識改革を断行したのです。その必死さといいますか、善なる心で再建したいと願った信念によって、思わぬフォローの風がどこからともなく吹いてきて、自分が持っている以上の力が出たんだと思います。

ＪＡＬの役員を退いて半年以上がたちました。今もしょっちゅうＪＡＬに行って、幹部の人たちの相談に乗ってあげています。ただ、夜１人になったときに、しみじみとこう思うのです。

「素晴らしいことをしましたね」と皆さんから褒めてもらうけれど、私はなんと幸運な男よ。確かに私は命懸けで再建に取り組んだ。しかしそれだけでは、なし得なかっただろう。もし神様というものが存在するなら、その神様の支援があったからではないか、と。そう思っては、よく家で手を合わせて、神様に「ありがとうございます」と言っています。

あまりにも劇的な業績回復でしたので、いろいろ変なことを言ってくる人もいました。ただ、私は経営のあり方に1つの道筋をつくったと思っています。具体的な手法だけじゃなく、強い信念を抱いた精神状態で仕事をすれば、必ずフォローの風が吹くのです。

そういう言い方をすればどうしても神懸かり的になりますけれども、やはり私は、そう思わざるを得ない気がするのです。

（日経トップリーダー2013年12月号）

心の中に思い描いた通りの人生になる

人工知能がどれだけ発達しても、それが展開する範囲というのは、あくまで人間の思考の論理的な面だろうと思います。頭脳の部分は人工知能で補完できるかもしれませんが、人間の心の作用までは人工知能は到達しないでしょう。

とかく私たちは、心というものを漠然と捉えて、軽く考えがちですが、人間はその心にいろんなことを思い描いて、生きているわけです。そして、その人の人生もその人の運命も、すべては心のままに動いていくと私は思っています。

心の中に、どんな思いを描くのか。

それは自分自身で勝手に決められることですから、私たちは軽く考えてしまうのかもしれません。しかし、心でその人の人生が決まっていくのです。あなたが心の中に思い描いている通りの人生が、あなたの目の前に現れてくるのです。

だから私たちは、心をなるべくきれいに、美しくして、その中でいろいろなことを思い描く。それが人生を素晴らしいものにする上で、絶対に必要なことです。

人工知能が、こうした人間の心の作用にまで到達するという考えは、やはりそれは違うと思いますね。

心の問題を粗末にしない

宇宙は森羅万象を生成し、発展させる力を持っています。生存競争が激しい地球上では弱肉強食で、いろんな争いが起きるわけですけれども、宇宙の摂理の中では、あらゆる物事が正しい方向に進んでいくようになっているのです。

地球上において、人間は万物の霊長と言われるほどに素晴らしい地位を得ました。ですから、あらゆる森羅万象が穏やかで、いい方向に進むように、責任を持って進めていくという役割を人類は持っているのだと思います。

たとえ逆境にあっても心を大切にするのです。私の人生は順風満帆ではありません。大学受験に失敗したり、いい会社に入れなかったりして大変苦しみました。そういう中でも一生懸命に生きてきたわけです。どんな逆境の中であれ、一生懸命に生きるということが、私の運命をいい方向に切り開いてきた気がします。

逆境のとき、「心に前向きなことを思い描いたところで意味がない」と考えたり、心にネガティブな思いを描いたりするのではなくて、「どんな逆境でも、努力さえすれば自分の運命は必ず開けていくのだ」と、心の中で強く思って努力をしていくことが重要だと思ってます。

人間の心には、その根底に本性として等しく利他の心があります。それは優しい、思いやりの心です。

けれども、心の上のほうには「もっといいものを食べたい」「いい生活をしたい」という欲望が乗っかっています。きれいな、美しい利他の心の上に、エゴが覆いかぶさっているのです。それを除去するための努力をしませんと、利他の心は出てきません。欲望は人類が生きていくために自然が与えてくれた本能の最たるものです。食欲や性欲などの欲望がなければ、人類は生きていけません。

しかし、その欲望が強すぎるとそれは問題です。欲望は必要なものですが、過剰にならないように心の中で整理をするのです。

心の問題を、決して粗末にしてはいけません。いい思いを描くことが人生ではとても大切なんですと、皆さんに声を大きくして申し上げたいのです。

（日経トップリーダー2018年2月号）

なんまん、なんまん、
ありがとう。

魂を磨くために何をしているのか、ですか。その質問に直接答えるものではないかもしれませんが、今、自分が置かれている環境に感謝することが大変大事だと思います。厳しい環境にあろうとも、絶好調の環境にあろうとも、「ありがとう」と言える人間性と言いましょうか。

私は小学校に上がる前、隠れ念仏の集会所に行ったことがあるんです。江戸時代、薩摩の国では浄土真宗が弾圧されていましたので、お坊さん方が、山奥に小さな掘っ立て小屋をつくり、そこで念仏を唱え、信仰心を絶やさないでいました。それを隠れ念仏といいます。

その名残が、禁制が解かれた昭和の頃も残っていました。

ある夜、父親に手を引かれ、提灯を下げて山道を歩いていった先に、隠れ念仏の集会所がありました。私と同い年くらいの子供が数人いまして、仏壇に向かって手を合わせて拝んでおり、私もその中に加わりました。

そのときにお坊さんから、こう言われたのです。

「この子はもう連れてこなくても大丈夫です。その代わり、毎日『南無阿弥陀仏、ありがとう』と念仏を唱えなさい。そうやって感謝の念を捧げるんですよ」

5、6歳のことだと思いますが、そのときの言葉や情景が強烈に印象に残りましてね。

以来、鹿児島弁で「なんまん、なんまん、ありがとう」と毎日、言うようにしてきました。

仕事でアメリカに行こうがヨーロッパに行こうが、また教会に行っても「なんまん、なんまん、ありがとう」と唱えました。86歳になった今でも続けています。もう口癖になっています。

「神様、ごめん」

口にするのは、朝、洗面台に立って鏡の前に立ったときです。特定の何かではなく、森羅万象、あらゆるものに感謝しながら「なんまん、なんまん、ありがとう」と手を合わせます。

本当は苦労を与えてくれた人にも「ありがとう」と言いたいところですが、私はそこまで人間ができていません。ただ、苦労することは必ず、自分の人間的成長に役に立つと思っています。

朝の洗面台では「神様、ごめん」とも言います。歯を磨いているとき、顔を洗っているとき、口から出てくるのです。具体的に何かをしたから、ごめんと謝るのではなしに、昨日までの自分の人生で何か間違いがあったはずだから、そういう意味でごめんと言います。

至らない自分と言いますか、自分が気がつかないところで、きっと悪さをしているんだろうと思うのです。「神様、ごめん」と言うようになったのは、30代の頃だと記憶していますから、かれこれ50年くらい続けているでしょうか。

自分のおかげだと威張ったり、悪いことを他人のせいにしたりするのではなく、今、自分に起きていることに感謝し、自分がしたことにごめんと謝る。そうした心を持つようにして、目の前の仕事に一生懸命に取り組めば、欲望にまみれた心が変わっていくと思います。

人間社会にはいろいろな人がいますから、中には利己的な人が出てきます。けれども、昔に比べれば平和な時代が続いていますし、経済も順調です。人間社会はいい方向に歩み、人間性も高まってきていると私は考えています。

（日経トップリーダー2018年3月号）

世俗的な成功と人間的な成功

経営者の多くは最初、お金を儲けたい、豊かな生活をしたい、有名になりたいといった自分勝手な思いで会社をつくります。しかし、それでは人は付いてきません。自分だけが幸せになりたいという気持ちが従業員に見え見えでは、誰も一緒に働いてはくれないのです。

このままではいかんと経営者は思います。従業員みんなを幸せにしないといけないと気づいて、変わります。会社がうまくいくのは、それからです。そうして経営を続けていると、多少の自己犠牲を払ってでも、従業員をもっと幸せにしてあげたいと思い始める。すると、さらに会社はいい方向に進んでいきます。

このように会社経営には、経営者の利他の心がどうしても必要なのです。人間というのは、誰もが心の奥底、それを真我と言いますが、真我の部分には優しい利他の心を持っています。

その上に覆いかぶさっている欲望をどう振り払うかです。人間が生きていくにはある程度の欲望は必要ですが、欲望は果てしなく膨らんでいきますから、もうこの辺でよかろうと抑えるのです。

無口な父の大切な教え

利他の心を育むには、子供の頃に受けた教育も大切だと思っています。

私の父は鹿児島で小さな印刷屋をやっていました。家の隣に工場があり、朝から晩まで輪転機を回しておりました。忙しいときに残業すると、従業員の方たちが、子供だった私と一緒に晩ごはんを食べることもありました。

そういうとき、父が「皆さんが働いてくれるから、私たちはご飯が食べられるんだよ」と私に言いました。無口な父でしたが、肝心なことはそうやって教えてくれました。それが私の人間としての成長に、非常に大きな糧となったのでしょう。だからよく覚えています。

いろいろな方のお世話になって、自分たちが存在している。こういうことを折にふれて子供に教えることが大事ではないでしょうか。子供は純粋ですから、そうした教えが身に染みますからね。

こんなことも覚えています。

父の弟が近くに住んでいましたが、そのおじさんが結核になったんです。どんなに空襲が激しくても「おいやめいにうつしてはいけないから」と、防空壕に入らなかった。

そういう心のきれいなおじさんをそばでずっと見ていました。

鹿児島大空襲の前々日、おじさんは亡くなりました。葬式を済ませて家族で食事をしているときに空襲があり、父は祖父に肩を貸し、母は妹をおんぶして逃げました。おじさんはこうなることを知っていたのではないか。だから（迷惑をかけないように）二日前に亡くなったんだと話したものです。

利他の心がなくても、世俗的な成功を収めることはできます。しかし、人間としての成功はまた別です。どの分野においても、心の美しい人をリーダーに選ばなくてはならないのですが、残念ながら現実はそうなっていません。

もしかしたら、利他にあふれたリーダーばかりの世界は来ないかもしれないが、それを目指して努力をする。みんなが付いてこなくても、そう言い続けたり、行動を続けたりすることが大事だと思っています。

それは、私たち中小企業の経営者も同じです。利他の心を日々磨いて、従業員を大切にする。一人ひとりがそういう思いを抱くことで、社会はもっと住みやすく、平和になっていくはずです。

（日経トップリーダー2018年4月号）

カバー・文中写真
神崎順一／毎日新聞社、梅原剛、山田哲也、菅野勝男

（注）現代では不適切な表現とされる可能性のあるものも、当時の時代環境に鑑み、発言のニュアンスを正確に記すためにそのままにした箇所がある。

経営者とは〜あとがきにかえて〜

なぜ、稲盛和夫氏は信奉されるのか。

まず、稲盛経営を改めて整理する。その代名詞とされる「アメーバ経営」は組織全体を5～10人程度の小集団（アメーバ）に細かく分け、日々、各アメーバで採算管理をする管理手法だ。自分のアメーバが今日いくら儲けたのか、いくら赤字だったのかがはっきりするので、入社数年目の若い社員でも経営感覚を持って、稲盛氏がよく言うところの「売り上げ最大、経費最小」を目指すようになる。

売り上げを増やし、経費をかけないのは、経営のいろはの「い」だが、それをどこまで徹底しているかが重要だ。複雑な経営指標を振りかざすのではなく、組織を細分化するアメーバ経営なら、家計簿をつけるようにお金の出入りが分かる。これで、全社員が一丸となって「売り上げ最大、経費最小」に向かう。こうして社員一人ひとりの主体性を引き出せば、どんな業種の企業でも利益率が10％を超えるという。

盛和塾は稲盛氏の年齢を理由に、2019年末をもって閉塾されたが、塾生の間では

2ケタの利益率を上げて初めて、一人前とみなされていた。技術革新が少なく厳しい価格競争にさらされている業界、あるいは「3K」と称されるような、日本の産業を底辺で支えている業界。そうした中小企業の経営者が、意気揚々と利益率10%の大台を超えたことを仲間の前で発表するとき、稲盛氏は思わず相好を崩した。

このアメーバ経営を現場で機能させるには、「どんな会社にしたいか」という経営者の思いを社員が共有し、経営者と社員が深い信頼関係を築いていることが絶対条件だ。そうでなければ、面倒な数値管理を押しつけられていると社員は感じ、組織が疲弊する。そのため稲盛氏は、アメーバ経営の土台として「フィロソフィ」を社員に説いた。

フィロソフィとは哲学のこと。ただ、稲盛氏のそれは決して難解なものではなく、「正しい判断をする」「利己より、利他の精神」「誰にも負けない努力を」といった、人間の基本的な生き方と呼べるものだ。酒を酌み交わす稲盛流の「コンパ」などを通じ、なぜ生きるのか、なぜ働くのか自問自答させ、社員にフィロソフィを血肉化させる。

アメーバ経営による厳格な計数管理と、フィロソフィ経営による深遠な理念の共有。次元の異なる2つの経営の大命題を両立させ、実証してみせたのが稲盛氏の功績であり、名経営者と称されるゆえんだ。

どうすれば儲かるかを教えるコンサルタントは山ほどいる。人生の処し方を説く先達もごまんといる。だが、一見矛盾するかのように見える2つの命題を両立させた人物はまずいない。渋沢栄一が「論語と算盤」を唱えて以来、道徳心と経済性を深いレベルでどう両立させるか、多くの人が悩んできた。この2つの大命題を解くカギ——稲盛氏はそれが経営手法にはなく、経営者個人にあると解き明かしたのだ。

経営者個人のストイック（禁欲的）な人間性を経営の核に据えることで、計数管理と理念共有を調和させる。盛和塾の塾長例会において、塾生が稲盛氏とのやり取りの中で呻吟していたのは、まさに経営者の人間性という一点に集約されると言っていい。

経営者はビジネスモデルを構築したら、終わりではない。部下に指示を出したら終わりではない。経営者が組織に深くコミットしなければ社員は付いてこない。スパルタ式で社員の尻をたたいたり、高額報酬をニンジンとして目の前にぶら下げたりするのではなく、経営者が着火点となり社員の心に火をつける。会社が良くなるのも悪くなるのも、すべて経営者に帰結させるのが、稲盛氏が考えるリーダーシップである。

稲盛氏とて、完全無欠の人間ではない。本書で稲盛氏自身も認めているように、内から突き上げる利己との戦いをずっと重ねている。何しろ50年以上、鏡の前で「神様、ごめん」と謝っているのである。楽をしようと思えば、いくらでもできる。だが稲盛氏はその道を選択しない。稲盛氏の人間性で最も賞賛に値するのは何かというと、「経営の神様」という称号を手にした老齢の今ですら衰えることのない、この克己心だ。

「これでは駄目だ」という自己反省を猛烈に繰り返す。稲盛氏を「カリスマ」と称する人がいるが、神格性が宿っているとするならば、そこである。人懐こい笑顔にほだされて近づくと、鬼気迫る克己心に触れて思わず後ずさりしてしまう。そこに尽きることない人間の可能性を感じた周囲の人々が、稲盛氏に心酔していく。

では、稲盛氏の克己心の源は何か。その境遇と無縁ではないだろう。

鹿児島の平凡な印刷職人の家庭に生まれ、12歳のときに結核で死線をさまよう。大阪大学医学部を志すが受験に失敗し、鹿児島大学に滑り込む。めげずに勉学に励み、立派な会社に入るつもりが、朝鮮戦争後の不況と重なり、今にも潰れそうな京都の碍子メーカーに就職する羽目に。それでも死に物狂いで立派な研究成果を上げていくが、社内では京都大学を卒業した社員と同列には扱ってもらえない。

どんなに頑張っても思うようにならない境遇。その一つ一つが、稲盛氏の心を鍛え上げた。稲盛氏本人も言うようにこれだけの不遇な体験がなければ、今の稲盛氏は決してない。ここから導き出されるのは、誰もが経営者として成功する可能性を持っているのではなく、宿命を背負った者しか経営者になれないのではないか、ということだ。

この「経営者宿命論」は、稲盛氏が学んだ松下幸之助にも当てはまる。

幸之助の事業にかけるエネルギーの源は、もともと金銭欲だったとされる。貧困のどん底で育った幸之助は9歳で丁稚奉公へ。その後も家族を次々に病気で失うなど筆舌に尽くせぬ苦労を味わい、経済的な豊かさを手に入れれば幸福が得られると考えた。幸之助の義弟で会社の発展に貢献した井植歳男三洋電機創業者は「若い頃の松下が傑出した人物だとか、非常に才能のある男だとか思ったことはない。ただ働く熱意だけは人並みはずれていた」（ジョン・P・コッター著『幸之助論』）と語っている。

そんな幸之助は、1932年、誘われるまま奈良県内の天理教本部を訪ねた。そこでいきいきと働く信者の姿を見て、社会的使命のために働くことが幸福を導くと悟る。そのとき37歳、創業からおよそ15年がたっていた。強烈な利己を、強烈な利他に転換した瞬間である。「命知元年（使命を知った年）」と名づけたこの年を境に、幸之助は我々の知るところの「経営の神様」へと深化を始める。

順風満帆の人生は誰にも存在しない。不運や逆風にどう向き合うか。横にそれたり、後ろに下がったりするのではなく、前に進み続ける。その蓄積が一定程度に達したとき、経営者として覚醒する。本書で、経営者には人格が求められるといった稲盛氏の発言に素直に同意できない人がいるかもしれないが、激動の世界を先導することができるのは、真のリーダーである。

日経トップリーダー編集長　北方雅人

＊参考文献『経営者とは～稲盛和夫とその門下生たち』（日経ＢＰ）

稲盛 和夫　いなもり・かずお

1932年鹿児島県生まれ。鹿児島大学工学部卒業。59年京都セラミック（現京セラ）を設立。社長、会長を経て、97年から名誉会長。一方、84年に第二電電企画（現KDDI）を設立し、2001年から最高顧問。また10年、日本航空会長に就任。2年間でV字回復を成し遂げ、12年から名誉会長、15年名誉顧問。中小企業経営者のための「盛和塾」の塾長として、後進の育成にも心血を注いできた。1984年には稲盛財団を設立し、「京都賞」を創設。人類、社会の進歩発展に貢献した人たちを顕彰する

稲盛和夫、かく語りき

2021年7月26日　初版第1刷発行

述	稲盛 和夫
発行者	伊藤 暢人
編　集	北方 雅人
発　行	日経BP
発　売	日経BPマーケティング 〒105-8308　東京都港区虎ノ門4-3-12
装　丁	中川 英祐（トリプルライン）
本文DTP	トリプルライン
印刷・製本	図書印刷株式会社

本書の無断複写・複製（コピー等）は著作権法上の例外を除き、禁じられています。購入者以外の第三者による電子データ化及び電子書籍化は、私的使用を含め一切認められておりません。本書籍に関するお問い合わせ、ご連絡は下記にて承ります。
https://nkbp.jp/booksQA

©Kazuo Inamori 2021, Printed in Japan
ISBN 978-4-296-10676-9
